Mirjam Oldenhave

Mees Kees

Een pittig klasje

Met illustraties van Rick de Haas

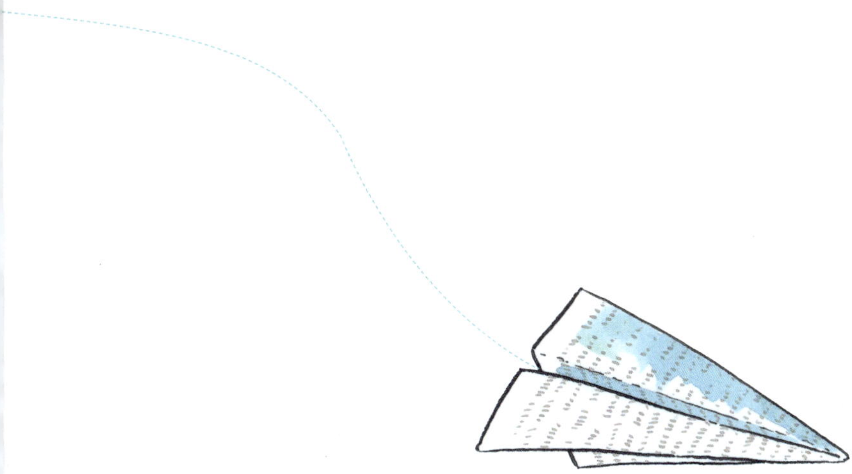

Uitgeverij Ploegsma Amsterdam

Deze uitgave is mogelijk gemaakt door
Stichting Geef een boek cadeau! met een licentie
van Uitgeverij Ploegsma, Amsterdam

AVI E5 / M6

ISBN 978 90 833734 1 6 / NUR 282
Vierentwintigste, herziene druk 2024

Foto's Mirjam Oldenhave en Rick de Haas: Robert Elsing
Vormgeving: Studio Cursief, Irma Hornman

MIX
Papier van verantwoorde herkomst
FSC® C004472
FSC www.fsc.org

CO_2 Neutraal

Dit boek is gedrukt op papier met het FSC®-keurmerk.
Zo blijven waardevolle bossen behouden.

Inhoud

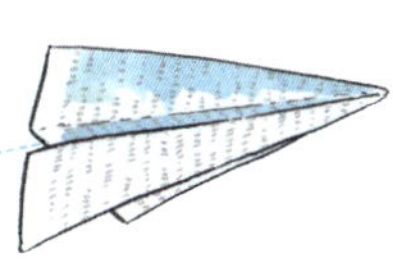

Tobias
Dit ben ik
en hier komen de anderen:

Mees Kees
Moet het nog leren,
maar is nu al uit-ste-kend!

Sep
Kun je mee lachen
en is mijn beste vriend.

Hasna
Mooiste meisje van de wereld.

Jackie
Grootste opschepper (ook van de wereld).

Fred
De 'baviaan'.
Niet aardig, wel sterk.

Aukje
Wordt minister-president.

Rashida
Hééél verlegen.

Winston
Rapper.

Manon
Beetje raar, beetje grappig.

Ben
Keeper.

Karim
Lijkt op James Bond (vindt hij zelf).

Tom
Slimste van de klas, ook slimmer
dan mees Kees en onze juf.

Lisa
Lisa Langkous.

Bart
Gewoon aardig.

Anna
Haar naam kun je omdraaien.

Wahed
De op één na slimste van de klas.

Koen
Ook gewoon aardig.

Dreus
Hoofd van de school (met wrat!).

Omeletje

Op maandag kregen wij een nieuwe meester, want die van ons was zwanger. Nou ja, de juf dan. Ze had het vorige maand verteld: ‘Ik ben in verwachting!’ zei ze.

‘Ooh,’ zei Winston streng. ‘Dan hebt u gedingest!’

Winston had het altijd over dingesen. Meestal werd de juf dan boos, maar nu praatte ze gewoon door.

‘De meester die in mijn plaats komt, moet het eigenlijk nog leren,’ zei ze. ‘Hij is een stagiair.’

We waren dus heel erg nieuwsgierig. Om kwart over acht zat iedereen al in de klas. Sep en ik hadden de hele weg naar school gerend.

O ja, ik ben Tobias en Sep is mijn beste vriend.

‘Ik heb hem allang gezien!’ riep Jackie.

‘Echt niet,’ zei Koen. ‘Hoe zag hij er dan uit?’

‘Zeg ik niet.’ Jackie ging heel tevreden zitten.

‘Hoe wist je dan dat hij het was?’ vroeg ik. Slim van mij, hè?

‘Gewoon,’ zei Jackie stoer.

Precies om half negen ging de deur open. Er kwam een oude mevrouw binnen.

Hè? Was zij de stagiair, dit omaatje? Het zou toch een man zijn?

‘Kom maar,’ zei ze en toen kwam er inderdaad een man de klas binnen. Of nee, het was een grote jongen. Hij had kort blond haar met heel veel gel erin. En hij had heel erg grote lichtblauwe ogen. Zijn kleren waren gloednieuw, dat zag je zo.

‘Loop eens door,’ zei het omaatje en ze duwde hem naar voren. ‘Jongens, dit is Kees, jullie nieuwe meester.’

Meester Kees knikte naar ons en wij knikten terug, net als worstelaars die elkaar begroeten.

‘Nou jong, zet ’m op,’ zei de oma. ‘Als het niet gaat, bel je maar.’ Ze gaf hem een kus op zijn wang en trok nog even snel zijn kraag recht. ‘Dag jongens!’ riep ze naar ons.

‘Dag mevrouw!’ zeiden wij.

‘Dag mama,’ zei meester Kees.

En toen ging ze weg. Stijf van verbazing zaten we te kijken. Er was nog nooit een meester of juf geweest die ons zo lang stil had gekregen.

Meester Kees zette zijn tas op de grond en lachte verlegen naar ons.

'Best eng,' zei hij. Toen keek hij schuin omhoog, haalde diep adem en zei: 'Manon, Aukje, Hasna, Ben, Karim, Sep, Lisa, Fred, Jackie, Winston, Tobias, Tom, Bart, Anna, Wahed, Rashida, Koen.'

Al onze namen, knap man!

'Uit mijn hoofd geleerd,' zei meester Kees met een bescheiden lachje. Hij probeerde zijn handen in zijn zakken te steken, maar die waren dichtgenaaid. Toen kuchte hij en zwaaide zijn pony naar achteren. Dat ging ook al niet, want die stond rechtovereind door al die gel.

Hij zette zijn tas op het bureau en ging op de grote, blauwe juffenstoel zitten. Wij mogen alleen op die stoel als we jarig zijn en dan kijken we net zoals meester Kees nu keek.

'Als je op die zwarte hendel drukt, zak je omlaag,' zei Bart.

Meester Kees deed het meteen en zoef, daar ging hij.

'Kicken!' zei hij lachend. Daarna haalde hij zijn broodtrommel uit zijn tas en gluurde erin. 'Mmm!' Hij zwaaide met zijn hand naast zijn hoofd. 'Omeletje op mijn brood!'

Omeletje! Het water liep me in de mond, het leek wel of iemand daar de douche aanzette.

'Wat hebben wij op ons brood?' vroeg ik zacht aan Sep, want hij deelt altijd zijn brood met mij.

'Ham,' antwoordde Sep.

'Mochten we maar alvast eten,' zei meester Kees.

Inderdaad, mocht dat maar. Ik zat te kwijlen als een hond. En ik was niet de enige, want ik hoorde iedereen slurpgeluidjes maken.

'Maar meester,' zei Aukje, 'als je het "Voedselproject" noemt, mogen we wel eten.' Ze keek de klas rond. 'Toch, dat is toch altijd zo?'

Wij knikten, heel lang en met hoge wenkbrauwen, omdat we het heel zeker wisten.

'Aha,' zei meester Kees. Hij pakte de pen, keek

er even naar en schreef toen met grote letters *voedselproject* op het bord. 'Zo dus?' vroeg hij.

Inderdaad, zo dus! Even later zat iedereen te smullen. Nou ja, bijna iedereen, want Sep kreeg zijn brood niet in tweeën gescheurd, door die ham.

'Pak een schaar!' zei ik zenuwachtig. Ik had zo'n honger!

'Ik eet wel tot de helft,' fluisterde Sep.

'Heb jij niets?' vroeg meester Kees met volle mond.

'Jawel,' antwoordde ik snel. 'Ik krijg van Sep, maar die stomme ham is van elastiek.'

'Hier,' zei meester Kees. En toen... scheurde hij zijn dubbele boterham in tweeën en gaf de helft – de helft zonder hap – aan mij.

Wooo... ik vertel nog maar één ding: er is niemand op de hele wereld die zulke lekkere omeletjes maakt als de moeder van onze nieuwe meester!

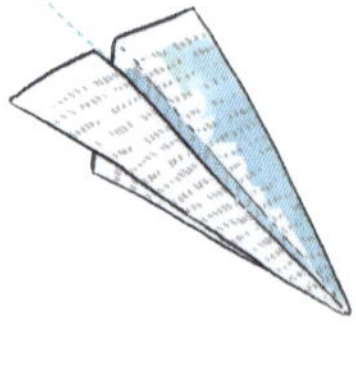

Sommen

‘Wat zullen we nu gaan doen?’ vroeg meester Kees. Hij had zin in iets leuks, dat zag je aan zijn gezicht.

Naast het bord hing ons werkrooster. Vandaag was het maandag, dus om negen uur hadden we dictee.

‘Jij hoeft toch niet precies hetzelfde te doen als de juf?’ vroeg Aukje.

‘Nee!’ riep Koen. ‘Ik bedoel, je hebt toch ook geen jurk aan?’

Ik moest lachen. ‘En je bent toch ook niet zwanger?’

‘Nee, want hij heeft niet gedingest,’ zei Winston meteen.

‘Weet je niet!’ riep Jackie.

Daar moesten we even over nadenken… Jawél, sommige dingen wist je gewoon.

‘Maar ik moet me wel aan het rooster houden,’

zei meester Kees aarzelend.

Dat was waar, dat werd dus dictee... blèh!

'Wacht, ik heb een plan!' zei meester Kees toen. 'Ik vertel een mop, en jullie moeten de vijf moeilijkste woorden eruit opschrijven.'

Dát was nog eens een goed plan! Meester Kees begon meteen. Hij kende wel duizend moppen en hij kon ze heel goed vertellen.

Wooo... ik had buikpijn, man! Ik heb nog nooit in mijn leven zo hard gelachen als op de eerste schooldag van meester Kees tijdens dictee.

Om half elf was het kleine pauze. Meestal sta ik al buiten vóórdat de zoemer gestopt is, maar nu had ik helemaal geen zin in pauze.

'Nog eentje!' bedelde ik. 'Nog zo'n raadsel, die zijn leuk.'

Meester Kees keek schuin omhoog, alsof hij een moppenboek in zijn hersenen bekeek.

'Ja, ik weet er nog een.' Sommige moppen vond hij zelf zo leuk dat hij eerst heel hard moest lachen, maar deze kon hij meteen vertellen: 'Het is groen en zakt nooit onder water.'

Toen kwam Dreus binnen, zij is het hoofd van de school. Midden op haar wenkbrauw groeit een wrat en op die wrat groeien zes wenkbrauwharen. Ik tel ze altijd na als ik een preek krijg.

Meester Kees zei niets, hij keek net zo geschrokken als wij. O ja, we hadden eigenlijk dictee. Ik schreef snel 'groen' en 'zakt' in mijn taalschrift.

'Zo!' zei Dreus, terwijl ze de klas rondkeek. 'U hebt ze er flink onder!'

'Ja, het gaat best wel goed,' zei meester Kees verlegen.

'Primadeluxe! Loopt u mee naar de koffiekamer?' vroeg Dreus toen. 'Jongens en meisjes: naar buiten jullie, het is pauze.'

Meester Kees liep met gebogen hoofd naar haar toe, net alsof hij straf kreeg. Nog even keek hij om. 'Andrijvie,' zei hij snel, en toen was hij weg.

We bleven gewoon zitten. Iedereen was opgewonden vanwege meester Kees. Ik kon niet praten, want ik moest nog lachen om die andrijvie.

Toen meester Kees na een kwartiertje terugkwam, keek hij ineens benauwd.

'Op de donderdagen moet ik zelf naar school en dan krijgen jullie mevrouw Dreus,' zei hij. 'Dan gaat ze natuurlijk controleren wat we gedaan hebben.'

'Boe!' riepen wij, want dan moesten we nu gaan rekenen.

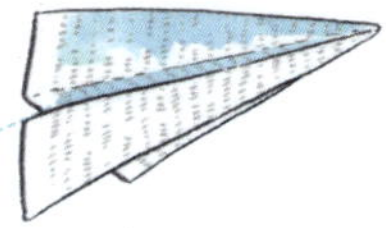

'Ik weet wat,' zei Aukje toen. 'Iedereen maakt een rijtje sommen. Wie klaar is, zegt de antwoorden en die schrijven de anderen snel op. En dan hebben we allemaal zeventien rijtjes sommen gemaakt.'

Wat een goed idee, waarom deden alle klassen dat niet!

Aukje wil later burgemeester worden of anders minister-president. Nou, ik weet wel op wie ik ga stemmen als ik groot ben!

'Ik doe de eerste,' riep zo'n beetje iedereen. Bij de eerste worden er twee sommen uitgelegd, dus die antwoorden heb je dan al mooi binnen.

'Wacht!' Meester Kees stond op. 'Eén,' zei hij tegen Anna. 'Twee,' tegen Bart en zo liep hij de hele klas door. Iedereen kreeg een nummer. Zijn nieuwe schoenen piepten: *skwiek*, *skwok*, deden ze.

'Yo mees, coole sound!' zei Winston.

Wie aangetikt was, ging meteen aan de slag. Ik was nummer elf. Binnen een paar seconden zaten we doodstil te werken. Er mochten natuurlijk geen fouten in zitten, want elke fout werd zeventien keer overgeschreven. Ik deed ontzettend mijn best, zo erg had ik nog nooit mijn best gedaan.

'Klaar!' riep Tom, die de slimste van de klas is.

'Klaar!' riep Jackie, terwijl ze gewoon doorwerkte.

'Niet.' Koen keek op haar blaadje. 'Je moet er nog vier!'

'Die heb ik allang af, in mijn hoofd,' zei Jackie.

Toen iedereen klaar was, mochten we om de beurt de antwoorden oplezen, terwijl de rest van de klas ze opschreef. Van sommigen rekende ik het snel even na, bijvoorbeeld van Jackie. Maar die van Tom schreef ik natuurlijk in één keer op.

En toen hadden we allemaal ineens zeventien rijtjes sommen staan. Handig en verstandig!

'Oké, nu gaan we een spelletje doen, dat hebben we wel verdiend,' zei meester Kees. 'Tobias neemt iemand in zijn hoofd en wij moeten raden wie dat is.'

Persoontje raden, dat is nou net mijn lievelingsspel!

'Ja, ik heb al iemand,' zei ik.

Drie keer raden wie ik had... (Zijn voornaam begint met een K.)

Rashida's spreekbeurt

Om half twaalf moest Rashida haar spreekbeurt houden. De juf had het met rood in het rooster geschreven. Rashida haat spreekbeurten. De vorige keer moest ze zelfs huilen, dat was omdat de juf haar nadeed.

Eerst zei de juf een paar keer: 'Harder, Rashida!' Maar Rashida ging juist steeds zachter praten.

'Ik versta haar wel, hoor!' zei Hasna nog.

Maar de juf schudde haar hoofd. 'Stel je voor dat ík zo zou praten.' En toen deed ze Rashida na.

Wij moesten lachen, maar ook weer niet, want het was wel zielig. Rashida begon dus te huilen, bijna zonder geluid, net als bij haar spreekbeurt. Hasna huilde meteen mee. Zij heeft namelijk een schotelantenne op haar hoofd. Ja, niet echt natuurlijk, maar soms lijkt het wel zo omdat ze precies opvangt wat andere kinderen voelen.

Rashida kreeg een onvoldoende en ze werd met rode letters in het schema gezet. Voor vandaag om half twaalf dus.

'Hé, spreekbeurt, leuk!' zei meester Kees, terwijl hij het rooster bekeek.

Iedereen keek naar Rashida. Het leek wel alsof ze van steen was, zo stil zat ze.

'Meester, Rashida haat spreekbeurten,' zei Hasna.

'Omdat ze uit Mexico komt!' riep Jackie.

'Nee, uit Marokko, gek!' zei Koen.

'Wat maakt dat nou uit? En gek ben je zelf,' zei Jackie.

'Zullen we haar gewoon een negen geven?' vroeg Sep.

'Ja dag! Dan wil ik ook wel een negen!' brulde Fred.

Meester Kees keek naar het rooster. 'Je moet de spreekbeurt wel eerst houden,' zei hij bezorgd.

'Rashida, ken jij geen moppen?' vroeg Aukje.

Rashida het standbeeld bewoog niet.

Toen sloeg meester Kees op de tafel. 'Ik heb een plannetje!' zei hij. 'Mag de spreekbeurt overal over gaan en mag je dingen meenemen om te laten zien?'

Wij knikten nieuwsgierig.

'En als het bijvoorbeeld over een hond gaat, mag je die dan laten blaffen? Of als het over muziek gaat, mag je dan wat laten horen?'

'Geen probleem!' zeiden wij.

Meester Kees liep naar Rashida. Terwijl hij iets in haar oor fluisterde, groeide er een grote grijns op haar gezicht. Ze knikte en liep grinnikend naar voren. Meester Kees ging vlak naast haar staan.

‘Ik ben Rashida,’ mompelde Rashida.

‘Harder!’ riep Fred.

‘En nou hou je je kop!’ zei Aukje streng. ‘Anders vertel ik wat jouw grote geheim is.’

Fred hield meteen zijn mond. Hééé! Wat was dan zijn grote geheim... Nou ja, eerst die spreekbeurt.

‘En mijn spreekbeurt gaat over meester Kees,’ zei Rashida zacht. ‘Dit is meester Kees.’ Ze drukte haar hand tegen haar mond en zette een stapje naar achteren.

De meester schraapte zijn keel en begon: ‘Ik ben Kees Bruin. Ik ben negentien jaar en ik woon samen met mijn moeder in de Burgmanstraat. Mijn vader is helaas dood. Ik heb ook een hond, hij heet Harley en hij kan boeren op commando.’

Hier hield ik het niet meer uit. Ik riep: ‘Woehoe! Mees! Kees! Mees! Kees!’ Iedereen deed mee, we joelden en stampten en klapten. Ik had ook een brok in mijn keel omdat zijn vader dood was, en die kon ik zo lekker wegschreeuwen.

Mees Kees wachtte tot we weer rustig waren en ging verder: 'Mijn hobby's zijn voetballen, computerspelletjes, Asterix en moppen. Ik ben verliefd op Marie-Louise Mulders, maar dat durf ik niet tegen haar te zeggen. Zo, klaar is Kees.' Hij knikte en zette toen weer een stapje naar achteren.

'O ja,' zei Rashida. 'Dit was mijn spreekbeurt.'

Het leek wel of er een popconcert was afgelopen. Wat een applaus, zeg! Alleen Fred riep: 'Boe, boe!' maar dat hoorde niemand behalve ik, want ik zit helaas vlak bij hem.

Toen ging mees Kees op zijn tafel zitten. 'De beoordeling,' zei hij. 'Konden jullie de spreekbeurt goed verstaan en hebben jullie wat geleerd over het onderwerp?'

Twee keer ja!

'Iemand nog vragen?' vroeg hij.

'Ja maar, ja maar...' begon Fred.

'Een krokodil met paardenhaar,' zei mees Kees. 'Zullen we Rashida een negen geven?'

'Goed idee,' zei Aukje. 'Dat vinden we allemaal, vooral Fred.'

Fred had een kop als een oorwurm, maar hij zei mooi niks!

Mees Kees zette een dikke, vette negen achter Rashida's naam. Ze keek naar hem als een kleuter naar Sinterklaas.

'Leuk!' zei mees Kees. 'En wat zullen we nu gaan doen? Nog wat moppen?'

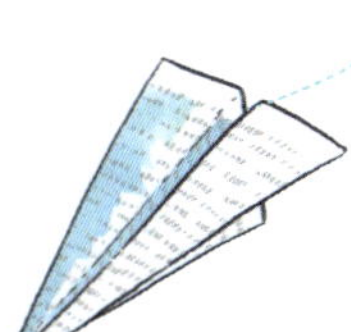

Topografie

Om één uur kwamen we terug van de overblijf.

'Hoi mees,' zei ik, terwijl ik naar mijn plaats liep. 'Hoe was het in de lerarenkamer?'

Mees Kees keek even naar de deur en schudde toen zijn hoofd met zijn tong uit zijn mond. 'Saai,' zei hij.

Zielig, want hij moest daar elke pauze heen.

'Kom, we gaan gauw iets leuks doen,' zei Hasna, om hem op te vrolijken.

We keken op het rooster: topografie. Nou, wat je maar leuk noemt...

'Ik heb een idee!' zei mees Kees toen. 'We gaan landje uitbeelden, met punten. Ik beeld uit, jullie raden.'

Yes! Ik ben niet goed in uitbeelden, maar wel in raden.

'China!' riep Bart.

Hela, hij kreeg meteen een punt! Ik had niet

eens door dat mees Kees al begonnen was! Nou ja, goed opletten nu.

'Klinkt als!' riep ik meteen, want mees Kees trok aan zijn oorlel en dat betekent: 'klinkt als'.

'Zoen!' riep Aukje.

Bijna, gebaarde mees Kees met zijn hand.

'Dingesen,' riep Winston.

Nee, natuurlijk niet, alsof een meester dingesen gaat uitbeelden.

'Kus!' riep Anna.

Ja, kus was goed. Klinkt als kus, dus. Verder met het tweede deel van het woord.

'Hand!' zei Karim.

Hand was ook goed. Ik zat op het puntje van mijn stoel, denken, denken, kus... hand, kushand, klinkt als kushand...

'Rusland!' gilde ik.

'Rusland!' riep Jackie.

Ja, dag! Ik was mooi eerder: punt voor mij. Tevreden leunde ik achterover. Mees Kees ging door met het volgende land. Hij rende een tijdje hard op de plaats... rennen... hollen...

'Holland?' probeerde ik.

Hij schudde zijn hoofd en stond stil. Toen veegde hij over zijn voorhoofd en wees ernaar… hoofd… renhoofd…

'Zweet,' zei Aukje.

Bijna. Mees Kees gaf aan dat we daarop door moesten gaan.

Zweethand, zweethoofd…

'Zweten,' gokte Ben.

Goed, deed mees Kees.

‘Zweden,’ fluisterde Sep in mijn oor. ‘Zeg jij het, dan doen we samen met de punten.’

‘Zweden!’ riep ik.

Raak! Twee punten voor het duo Tobias & Sep. Mees Kees was alweer bezig met het volgende land. Eigenlijk was topo mijn lievelingsvak!

Helaas moesten we om twee uur stoppen. Sep en ik hadden dik gewonnen. Ik had zelfs Bosnië en Herzegovina geraden. Mees Kees was ook wel een uitbeeldkampioen, dat moet ik er even bij vertellen.

Wat stond er toen op het rooster? Tekenen. Jammer, ik vond topografie net zo leuk. Mees Kees liep weg om papier te halen in het spullenhok.

‘Van mij mag de juf nog een paar jaartjes zwanger blijven!’ riep Anna.

Aukje knikte. ‘Mees Kees voelt aan waar wij behoefte aan hebben, dat is heel belangrijk in het onderwijs.’

Het zou wel slim zijn om met Aukje te trouwen, want een minister-president verdient heel veel geld. Maar ja, ik ben nu eenmaal op Hasna. Sep is ook op Hasna, maar toch mag ík met haar trouwen. Zo is Sep.

'Ik vind de meester een watje,' zei Fred toen. 'Welke man wordt er nou door zijn moeder gebracht?'

Fred is mijn vijand. Hij is groot, dom en helaas beresterk.

'Hé, ik weet nog een raadsel,' riep Sep. 'Fred, wat is het verschil tussen een baviaan en jou?'

Fred haalde zijn schouders op. 'Ik zou het niet weten,' zei hij.

'Ik ook niet!' riep Sep en gelukkig voor hem kwam mees Kees toen binnen, want Fred kan echt beuken als een baviaan.

'Jullie mogen zelf kiezen wat je tekent,' zei mees Kees.

Zelf kiezen vind ik altijd moeilijk. Ik keek eens goed naar hem, naar zijn stekeltjeshoofd, zijn felblauwe ogen en zijn lange, slungelige lijf en ik wist ineens wat ik ging tekenen. Of zeg maar: wíé ik ging tekenen.

Bijles

Ik speel 's middags altijd bij Sep, maar op maandag moet hij voetballen. Soms ga ik dan toch maar naar huis, maar vandaag dacht ik: misschien kan ik mees Kees helpen. Dus toen iedereen weg was, ging ik terug naar de klas.

'Hoi mees,' zei ik.

Hij zat een stripboek te lezen aan zijn bureau. 'Hé Tobias!' zei hij. Hij klonk echt blij, hoor!

'Zal ik even helpen opruimen?' vroeg ik.

Hij keek verbaasd om zich heen. Ik zag hem denken: wat valt er dan op te ruimen? Terwijl het een enorme puinzooi was in de klas. Maar ja, onze juf is ook zó netjes. Als je bijvoorbeeld de punt niet recht boven de i zet, krijg je al op je kop.

Mees Kees zat een Asterix te lezen, *Asterix en de Belgen*, zag ik toen ik dichterbij kwam. Hij wees naar het plaatje waarop Obelix tegen een

Romein zegt: 'Geef antwoord, geef antwoord, zei ik je!' En hij slaat hem in zijn gezicht, taptap-taptap. Zegt Asterix: 'Hoe kan hij nou antwoord geven, je hebt hem niet eens iets gevraagd!' En dan zegt Obelix: 'Daar zeg je zo wat.'

We moesten er allebei om lachen.

'Pak een stoel,' zei mees Kees.

Ik deed het meteen en ging naast hem zitten. Hij drukte op de zwarte hendel zodat zijn stoel even laag kwam als die van mij. En toen hebben we samen de Asterix uitgelezen. Af en toe wees een van ons iets aan wat extra leuk was.

Asterix en de Belgen is de grappigste Asterix van de hele wereld.

Toen hoorden we voetstappen. Dreus! Mees Kees schoof snel zijn map over de Asterix.

Ja, daar was ze. 'Zo Tobias, moet je op de eerste dag van meester Bruin al nablijven?' vroeg ze.

Als Dreus iets tegen mij zegt, stoppen mijn hersenen altijd meteen met draaien. Het enige wat ik dan nog kan, is de haren op die wrat tellen.

‘Nee hoor,’ zei mees Kees. ‘Hij heeft me geholpen met opruimen.’

Dreus keek ook verbaasd om zich heen. Ik zag haar denken: hébben ze dan al opgeruimd?

‘Ik wil u nog het een en ander over de organisatie van de school vertellen,’ zei ze toen.

Mees Kees trok een bedenkelijk gezicht. 'Ik ging net bijles geschiedenis geven aan Tobias,' zei hij.

'Ah, maar dat gaat natuurlijk voor!' zei Dreus en toen liep ze weg, op haar tenen, om ons niet te storen.

Mees Kees wees in de Asterix en zei luid: 'Kijk, Tobias, Julius Caesar was dus een Romeinse veldheer.'

Ik drukte mijn hand stevig tegen mijn mond, want als je bijles geschiedenis krijgt, valt er natuurlijk niets te lachen.

'Had je die Asterix zelf meegenomen?' vroeg ik toen Dreus weg was.

Mees Kees knikte. 'Ik heb thuis alle Asterixen. Achtendertig zijn het er.'

'Wojooo,' fluisterde ik en meer wist ik niet te zeggen. Alle Asterixen...

Mees Kees was er ook echt trots op, dat zag ik aan zijn gezicht.

En toen zei hij: 'Je mag wel een keer mee, dan kun je ze zien.'

Ik dacht: Het kán niet waar zijn dat het zo'n

leuke dag is geweest en dat we dan ook nog samen Asterix gaan lezen en dat ik dan óók nog een keer met hem mee mag. Dat kan echt niet, dan is al je geluk voor de rest van je leven op!

Mees Kees bukte zich naar zijn tas. 'Tadáááá!'

Yes! *Asterix als legioensoldaat*, daarin wordt Obelix verliefd.

'Bel je moeder maar even,' zei mees Kees. 'Dan weet ze dat je hier bent.' Hij had een heel gave telefoon.

Ik toetste het nummer in, maar drukte niet op het groene knopje. Mijn moeder haat het namelijk om gebeld te worden.

'Hoi mam, met Tobias,' zei ik. Blabla, ik deed net alsof er iemand terugpraatte. 'Mag ik nog even bij mees Kees blijven?' Bla blabberdebla. 'Oké, ja, zal ik doen, dag mam!' Toen drukte ik hem uit en gaf de telefoon terug. 'Het mag.' Vervelend om te liegen tegen zo'n aardige meester, maar ja.

Daar gingen we: 'Puik weertje om een stel fikse everzwijnen te verschalken, wat jou, Obelix,' zei Asterix in het eerste plaatje.

We gluurden om de beurt naar de deur of Dreus er niet stond. Balen dat dat raampje erin zat!

'Morgen doen we een deur-dichtplak-project,' zei mees Kees.

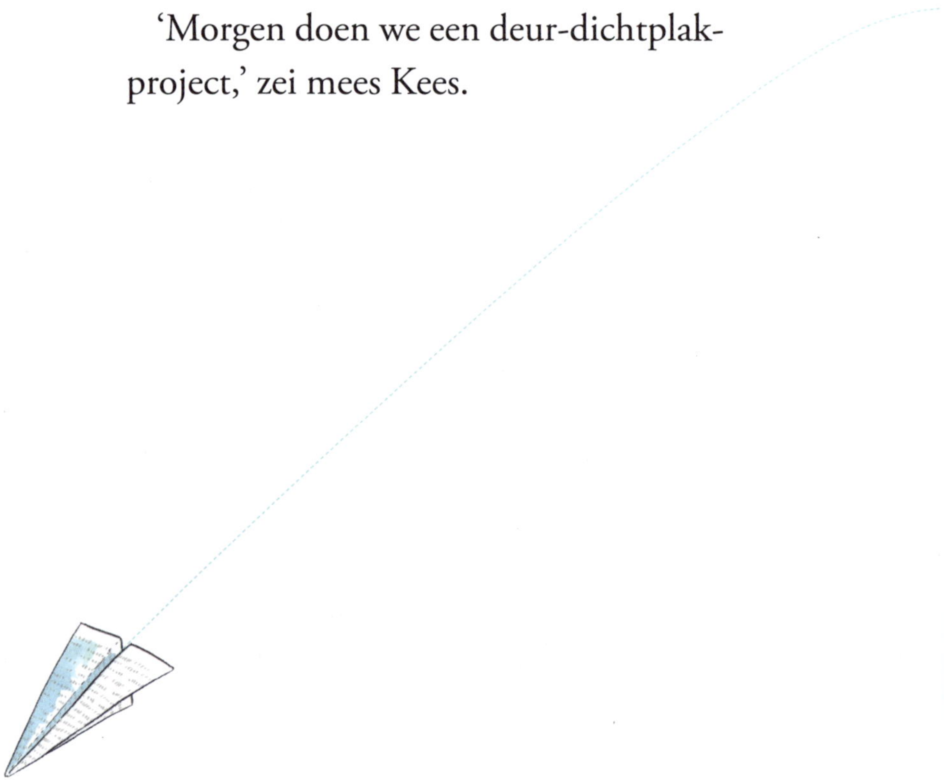

De tafel van vier

De volgende ochtend zaten we allemaal weer vroeg in de klas. We hadden hartstikke zin in school.

'Zou hij weer door zijn moeder gebracht worden?' vroeg Anna.

'Mama, ik durf niet alleen,' piepte Fred met een zeurstemmetje.

O ja, ik moest ineens ergens aan denken. 'Fred, nog even over dat geheim van jou,' begon ik.

'In de pauze sloop ik je,' antwoordde hij.

'O ja, en wie breng je daarvoor mee?' vroeg ik, terwijl ik paniekerig nadacht waar ik me kon verstoppen in de pauze.

WROEMM! hoorden we toen.

'Kijk! Kijk!' riep Lisa.

We stormden allemaal naar het raam. Wooo, wat ik toen zag... Midden op het schoolplein stond een grote, glimmende motor met twee enorme Hells Angels erop. Ze droegen een leren pak en stoere laarzen.

WROEMM! deed hij weer. En toen stapte de Hells Angel die achterop zat af, en stak zijn hand naar ons op. We zwaaiden aarzelend terug.

'De nieuwe vriend van Dreus!' riep Jackie, die heel soms wel een beetje grappig is.

'Het is mees Kees,' zei Rashida zacht. 'Kijk maar naar zijn tas.'

Verrrrrrek!

'Of die Hells Angel heeft de tas van mees Kees gejat,' zei Tom.

De bestuurder zwaaide en scheurde weg. De ander bleef dus achter op het plein. Hij zette zijn helm af en... Rashida had gelijk, het wás onze eigen mees Kees! Hij zwaaide nog een keer en liep toen naar de ingang, met wijde cowboybenen en zijn helm onder zijn arm.

Toen hij de klas in kwam, had hij het pak nog aan. We mochten er allemaal aanzitten en ook op zijn rug slaan, want hij voelde niets.

Toen hielpen we hem het pak uit te trekken, wat zat het strak, zeg! Er bleef een iel meesje Kees over.

We gingen allemaal zitten en hij vertelde dat die motorrijder zijn broer was. Die werkte bij de motorpolitie en soms reed hij wel tweehonderdtwintig op de snelweg! Je zult zo'n broer hebben, zeg!

'Waar moeten we vandaag mee beginnen?' vroeg mees Kees. 'O jee, de tafel van vier.'

Blèh, ik haat tafels. Hoopvol keken we naar mees Kees. Je zag zo het plannetje door de lucht vliegen en in zijn hoofd landen.

'Ja, ik weet wat!' zei hij blij.

Als je ooit de tafel van vier moet leren op school, moet je vragen of je dit mag doen: we gingen in groepjes van vier bij elkaar zitten, met zijn vieren om één tafel. (De tafel van vier, we hielden ons dus keurig aan het rooster.) Om de beurt liepen we naar mees Kees en fluisterden in zijn oor wat we waren. Bijvoorbeeld een dier of een bekende Nederlander. Dat noteerde hij op een blaadje. Daarna schreef hij ze allemaal op het bord. Er stond bijvoorbeeld *hond, Máxima, leeuw, piemel, de burgemeester* enzovoort. We wisten niet wie wat had gekozen.

Snap je het tot nu toe?

Ik zat met Sep, Lisa en Hasna in het groepje en wij mochten beginnen.

Ik vroeg: 'Mogen we van de groep van Winston... de piemel?'

'Hoe wisten jullie dat ik die had verzonnen!' schreeuwde Winston.

'Opstaan, Winston!' zei mees Kees. 'Je moet bij dat groepje gaan zitten.'

Mopperend kwam Winston bij ons. Wij mochten verder, want we hadden het dus goed geraden.

'Mogen we van het groepje van Aukje... de burgemeester?' vroeg Lisa.

Mis! Dus mocht de groep van Aukje. 'Mogen we van jullie de piemel?' vroegen ze natuurlijk als eerste. Winston baalde, man! Die moest nu weer naar dát tafeltje. Toen vroegen ze James Bond aan het groepje van Jackie.

'Hebben we lekker niet,' riep Jackie, maar ze hadden hem wel, want Karim stond op en liep naar het groepje van Aukje.

'Mogen we van jullie groep: Idefix?' vroegen ze aan ons.

Mis! Idefix is de hond van Obelix, en dus wist ik ineens wie die had! Ik vroeg eerst de piemel terug, toen James Bond en toen Idefix. Raak, dat was mees Kees! Hij kwam dus ook bij ons zitten.

De tafel van vier is leuk! Ik bleef heel lang onbekend, pas op het eind vroeg Rashida mees Kees aan ons en dat was niet mees Kees, want die was Idefix. Nee, ik was mees Kees!

Toen het tijd was, zei mees Kees nog: ‘Leren jullie de tafel van vier even uit je hoofd voor donderdag, anders heeft Dreus het door.’

En dat was mooi slim van Idefix.

Luizencontrole

Het was tien uur. Ik kon er niks aan doen, maar ik moest steeds aan een omeletje denken. Ik werd er zelfs trillerig van, ook omdat ik niet ontbeten had.

'Hé mees, vergeten we niet iets?' vroeg ik.

Mees Kees dacht na. 'Geef eens een hint?'

'Een project,' zei ik. 'Iets met voedsel...'

'O ja, natuurlijk!' Mees Kees stak zijn duim op. 'Goed dat je het zegt, ik zou het glad vergeten!'

We moesten stiekem lachen.

'Wat hebben we?' vroeg ik zacht aan Sep. Geen ham, geen ham, dacht ik.

'Ham,' zei Sep.

'Er moet even iemand op de uitkijk,' zei Aukje.

'Heb jij niet toevallig ramadan?' vroeg Jackie aan Rashida. 'Dan kan jij wel op de uitkijk.'

Rashida schudde haar hoofd.

'Doe Tobias maar, die heeft toch nooit brood,' riep Fred.

Maar toen riep mees Kees: 'Tadaaa!' en wat haalde hij uit zijn trommel? Twee dubbele boterhammen! Hij stak ze triomfantelijk in de lucht. 'Omeletje voor Tobias. Er hoeft niemand op de uitkijk. We moeten gewoon heel stil eten, dan horen we haar wel aankomen.'

Ik verslikte me bijna in mijn spuug, rende naar voren en nam de boterham aan.

'Bedankt, mees,' sliste ik door mijn kwijl heen.

Ik ging zitten, deed mijn ogen dicht en hap... het was zelfs nog een beetje warm. Ik probeerde zo langzaam mogelijk te eten en hield de hele boterham lang mijn ogen dicht. Ik hoorde heus wel dat ze moesten lachen, maar dat kon me niets schelen, ik zat lekker in het omeletjes-paradijs...

Toen we net klaar waren met het voedsel-project, gebeurde er iets verschrikkelijks: de deur ging open en er kwam een luizenmoeder

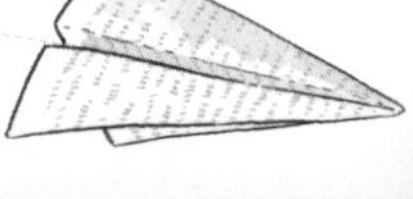

binnen. Ik heb al zo vaak luizen gehad! Als ze die ontdekken, word je naar huis gestuurd. En dan moet je moeder je insmeren met luizengif. Maar dat doet mijn moeder dus niet. Vorige keer heeft de moeder van Sep het bij me gedaan, maar toen moest ik daar onder de douche. En Sep heeft een zus van twaalf. Snap je? Niet dat ze mijn blote Winston zag, maar toch.

Ik zit ook nog eens vlak bij de deur, dus ik moest als eerste.

'Sep, help,' fluisterde ik.

Maar daar kwam die luizenmoeder al, ze zette haar leesbril op haar neus en...

'Wilt u eerst even bij mij kijken?' vroeg Sep. 'Ik heb er volgens mij wel honderd.'

Pfff, uitstel. Ik keek naar mees Kees. Mijn hart ging tekeer alsof het er onweerde.

Ineens sloeg mees Kees kei- en keihard met zijn hand op de tafel.

'Tobias, wat zei ik nou net!' bulderde hij.

Ik schrok me het apezuur! Wat zei hij net? Ik wist het niet meer.

'Eruit!' schreeuwde mees Kees. 'Weg jij.

Ik heb je wel vier keer gewaarschuwd, maar nu ben ik het zat!'

Weet je dat ik bijna moest janken? Zo kwaad was hij, maar toen... gaf hij me een knipoog!

Ooo, nu snapte ik het: hij wilde me laten vluchten voor die luizenmadam!

'Maar... maar...' stamelde ik nog even.

'Eruit,' zei mees Kees, terwijl hij zwaar ademde van zogenaamde woede.

'Ik krijg ook altijd de schuld,' mompelde ik. Niet lachen, niet lachen...

De luizenmoeder was gestopt met haar luizenonderzoek. Nieuwsgierig keek ze naar wat er gebeurde.

'Hij was bij hun eigen juf ook altijd al zo lastig,' zei ze zacht tegen mees Kees.

Ik slofte naar de deur.

'Ik zal zijn haar zo wel nakijken,' hoorde ik mees Kees nog tegen de luizenmoeder zeggen.

Ik rende naar het bezemhok en daar kon ik eindelijk lachen. De tranen liepen over mijn wangen, eerlijk waar. Ik moest natuurlijk wel heel lang wachten, maar dat gaf niet, want nu kon ik mooi even de tafel van vier oefenen.

Toen hoorde ik de stem van de luizenmoeder op de gang. 'Het is een pittig klasje, hoor,' zei ze. 'Ik snap niet waarom ze er een stagiair voor zetten!'

Ik gluurde door de kier van de deur. Mees Kees stond bij haar.

'Sterkte verder,' zei ze en toen liep ze weg.

Ik rende terug naar de klas. Mees Kees en ik deden de high five. Iedereen zat te grijnzen, behalve Fred, want die snapte niet wat er gebeurd was.

'Wat deed je nou, waarom werd je eruit gestuurd?' vroeg hij.

'Ga ik jou niet aan je dikke neus hangen!' zei ik.

Fred probeerde na te denken, maar dat kan natuurlijk niet als je geen hersenen hebt.

'Waarom dacht jij dat je honderd luizen had?' vroeg hij toen aan Sep. 'Had je dan jeuk?'

Sep schudde zijn hoofd. 'Ik hoorde voetstapjes,' zei hij.

Taal

Mees Kees keek op het rooster. Er stond dat we nu taal moesten gaan doen.

'Taal,' mompelde hij.

'Heel saai, over woorden en zo,' legde Anna uit.

Hij keek haar aan. 'Anna is een spiegelwoord. Als je het omdraait, blijft het hetzelfde.'

Anna knikte. 'Reinier ook,' zei ze meteen.

'Ja, leuk! We doen wie de meeste spiegelwoorden kan verzinnen,' zei mees Kees enthousiast. 'De tijd gaat nu in. Voor elke letter krijg je een punt. Dus bijvoorbeeld voor een woord van drie letters krijg je drie punten.'

Ho, ho! Iedereen begon al terwijl ik nog een blaadje moest pakken en een pen. Vlug, vlug, ik wilde winnen, ik wilde winnen...

Ik dacht als eerste aan 'dood', maar ik haat dood omdat mijn vader dat is, dus die deed ik niet. 'Pop' verzon ik toen, en 'kak'. Ik wilde zo graag een woord van vijf letters, maar dat was moeilijk zeg!

'Ik heb "lepel",' fluisterde Sep.

Wojoo, die was mooi!

Mees Kees zat zo hard te denken dat de spetters ervanaf vlogen. O, 'spetters' was bijna een spiegelwoord. Bijna, maar niet helemaal. Ik staarde naar mijn blaadje...

'En... stop!' riep mees Kees na een kwartier.

Net op tijd wist ik er nog één, een hele mooie!

Anna mocht beginnen. Ze had natuurlijk al 'Reinier'. Zeven letters, dus zeven punten. Verder had ze nog: 'ene' en 'kok'. Dertien punten voor Anna.

Iedereen mocht om de beurt roepen en dan schreef mees Kees ze op het bord. Aukje had 'keiziek'! Mooi, hè? Ze kreeg er applaus voor. Tom was ook heel erg goed. Hij had bijvoorbeeld 'knalplank'. Ook applaus natuurlijk. Winston, die zelf een rapper is, had 'repper'. Mees Kees rekende het goed: applaus voor Winston.

Toen mocht ik. Ik had ‘neten’ en daar was ik heel trots op. Maar Fred zei: ‘Echt een woord voor de luizenkoning.’ En toen vond ik er ineens niets meer aan. Ze vergaten ook nog eens te klappen.

‘Door Fred weet ik er ineens nog één: “baviaan”!’ riep Sep.

Dat kun je helemaal niet omdraaien en hij mocht dus niet op het bord. Maar voor mij telde hij voor honderd punten, want Fred was rood van boosheid.

Toen was mees Kees aan de beurt. 'Ik heb een woord van elf letters,' zei hij. 'Raad maar: een methode om te kijken hoe lang iets is, dat heet een...'

'Liniaal,' zei Aukje.

Mees Kees schudde zijn hoofd. Hij had echt een prachtig woord bedacht, dat zag je aan zijn ogen.

'Iets met "meten"?' vroeg Tom.

Mees Kees knikte.

Meten... Ik pakte mijn pen en schreef 'meten' op. Meetlat... Als je dat omdraait, wordt het talteem. Nee, dus. Een methode om te kijken hoe lang iets is...

'Meetmanier,' mompelde ik.

'Bíjna!' zei mees Kees. En toen schreef hij hem op het bord: MEETSYSTEEM.

Oei, we waren er stil van. Echt een prachtig spiegelwoord!

De deur ging open en daar stond Dreus. Ze keek naar het bord en toen naar het rooster.

'U hebt taal,' zei ze. 'Geen rekenen.'

'We doen ook taal,' zei mees Kees.

'Meetsysteem is toch zeker rekenen?' vroeg Dreus geïrriteerd.

'U snapt het niet!' schreeuwde Jackie.

'Hé, tuttuttuttut!' Dreus zwaaide streng met haar vinger.

'Ooh!' zei mees Kees, en hij keek Dreus vol bewondering aan.

'Pardon?' vroeg Dreus.

'Tuttuttuttut,' deed mees Kees haar na.

We schrokken ervan. Dreus trok een strak mondje en zei: 'Kan ik u even onder vier ogen spreken?'

Ze liepen samen naar de gang, maar bij de deur fluisterde mees Kees snel: 'Tuttuttuttut, dat zijn er twaalf!'

O, zo bedoelde hij, Dreus had het langste spiegelwoord van de hele klas verzonnen!

'Dan heeft Dreus gewonnen!' jammerde Jackie.

‘Maar ze deed niet eens mee,’ zei Anna.

‘En ze wist het niet. Als je per ongeluk een spiegelwoord zegt, telt het niet!’ vond Wahed.

Toen kwam mees Kees weer binnen. ‘Ik heb nog een hele mooie verzonnen!’ zei hij. ‘Dankzij Dreus. Ik weet dat de tijd om is, maar mag het nog?’

Natúúrlijk mocht het nog.

En toen schreef hij hem op het bord. Hij kreeg er negen punten voor en we wisten ook meteen waarom hij hem aan Dreus te danken had. Het was ‘tarwewrat’. Goor woord, hè? Maar wel een spiegelwoord!

Ik was blij dat ik mijn omeletje al op had, want ik had voorlopig geen honger meer.

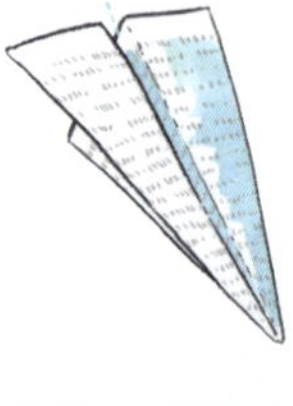

Nieuws uit de natuur

Na de pauze hadden we *Nieuws uit de natuur*. Meestal komt er dan een film over een leerzaam onderwerp.

'Vandaag gaat het over eb en vloed,' zei mees Kees met een zorgelijk gezicht. Hij keek nog eens op het rooster. 'Hier staat toch alleen *Nieuws uit de natuur*?' vroeg hij.

Wij knikten nieuwsgierig. Het was duidelijk dat er weer een plannetje aankwam.

'Dus je mag zelf het onderwerp verzinnen, hè?' ging hij verder. 'Als het maar nieuws uit de natuur is.'

Ja, knikten wij nog harder dan net.

'Dus bijvoorbeeld... nieuws over spinnen mag ook?' vroeg hij.

'Spinnen! Boeiend, maar niet heus,' zei Fred.

'Ja, dat is jouw achternaam!' riep Jackie meteen.

Sep en ik moesten lachen. ‘Hallo, ik ben Fred Boeiend-maarnietheus,’ zei Sep.

‘Als het over spinnen mag gaan…’ Mees Kees wachtte even. ‘Dan kunnen we dus kijken naar… *Spiderman*!’

Wojoo, die film wilde ik echt heel graag zien!

‘Die ken ik al,’ zei Jackie. ‘Allang, al voordat hij in de bioscoop was!’

‘Waar gaat hij dan over?’ vroeg Koen.

‘Zeg ik niet, anders verraad ik alles al.’ Jackie keek uit het raam alsof ze buiten ineens iets vreselijk interessants zag.

‘Spinnen zijn heel belangrijk nieuws uit de natuur,’ zei Wahed meteen.

Vond ik ook. ‘Als er íéts nieuws uit de natuur is, dan zijn het wel spinnen!’

Mees Kees wreef in zijn handen. ‘Zullen we de gordijnen dichtdoen en de tafels aan de kant zetten, en dan lekker op de grond gaan zitten?’

Gezellig! We begonnen meteen te schuiven. Ik ging met Sep tegen de deur aan leunen, vanaf daar konden we het goed zien.

‘Als Dreus door het raampje kijkt, kan ze zo de film zien!’ zei Sep ineens.

Mees Kees dacht na. ‘We gaan het raampje dichtplakken, want ik heb last van het licht dat uit de gang komt!’ zei hij toen. ‘Hebben jullie daar ook zo’n last van?’

Poe, poe, wat hadden wij daar ook een last van, zeg! We knepen onze ogen tot spleetjes, zo fel was dat ganglicht!

Behalve Fred natuurlijk. ‘Wat maakt zo’n beetje licht nou uit!’ zei hij.

‘Zo, hallo! Heb jij soms een zonnebril bij je, of zo?’ riep Jackie.

Fred snapte er niets van. ‘Overdreven gedoe,’ bromde hij.

Maar mees Kees en Ben gingen snel aan de slag met zwart papier en plakband. In een mum van tijd zat het raampje dicht.

Ziezo, dacht ik tevreden. Opgelost! En laten we nu maar snel beginnen met... *Nieuws uit de natuur*!

Peter lijkt een heel gewone jongen, maar in het echt heeft hij superkracht. Met zijn kleefdraad kan hij tegen heel hoge flats op lopen, net zo makkelijk als een echte spin.

'Ik ben Spiderman,' fluisterde Sep.

Ik knikte. 'Ik ook.'

Ik voelde Sep heen en weer gaan, precies tegelijk met Peter in de film.

Ineens, op het spannendste gedeelte, werden Sep en ik in de rug gebeukt. Onze kleefdraad was niet sterk genoeg, we vielen allebei van de flat af naar beneden. Ik schreeuwde en mees Kees rende naar voren om de film uit te zetten.

‘Waarom zitten jullie op de grond?’ vroeg juf Pauline, want zij had de deur opengeduwd waardoor we omver gekukeld waren. Juf Pauline is trouwens de hulpjuf voor kinderen die moeite hebben met lezen.

‘Dan kan ik eb en vloed beter uitleggen,’ zei mees Kees. Hij hield zijn ene hand omhoog en zijn andere omlaag. ‘Dus, jongens en meisjes: eb...’ hij wisselde zijn handen, ‘...vloed. Nu jullie.’

Wij deden hem precies na, ook met die handen. ‘Eb... vloed.’

Juf Pauline bleef staan kijken, dus wij bleven maar doorgaan met dat eb-vloedgedoe.

Fred deed niets, want hij snapte natuurlijk niet wat eb en vloed met Spiderman te maken hadden. Lastig hoor, dom zijn!

‘Wat een goede manier om het uit te leggen, zo lichamelijk!’ zei juf Pauline, en gelukkig ging ze toen weg. Mees Kees zette meteen de film weer aan. *Nieuws uit de natuur* is zo’n boeiend vak, dat moet je gewoon niet te lang onderbreken!

Keihard werken

De volgende dag begonnen we gelukkig weer met het voedselproject.

'Morgen krijgen jullie mevrouw Dreus,' zei mees Kees, toen we daarmee klaar waren. Hij keek bezorgd naar het rooster. 'Hebben we wel hard genoeg gewerkt?'

'We hebben ons toch netjes aan het rooster gehouden?' vroeg Jackie.

'Ja,' zei Aukje. 'Bij de juf doen we veel minder goed ons best, hoor! Jij zit toch op een school om meester te worden? Vertel daar maar dat wij je heel goed vinden.'

'Bedankt.' Mees Kees knikte verlegen.

'De juf stuurt er heel vaak kinderen uit,' zei Koen.

'Soms zit ze hier gewoon de hele dag in haar eentje!' riep Jackie verontwaardigd.

Dat was niet waar, maar ik snap wel dat

Jackie dat dacht. Zij werd er soms om één over half negen al uit gestuurd. Je moet dan naar Dreus, en ik kan je vertellen dat dat echt geen lolletje is.

'Dreus heeft het lekker rustig sinds jij er bent,' zei Anna.

'Ja, daarom heeft ze nu zoveel tijd om binnen te lopen met haar tarwewrat!' riep Jackie.

'Tuttuttuttut,' deed Koen.

'Weet je wat,' zei mees Kees, 'ik zet even een dictee op het bord en jullie schrijven het over. Hebben we dat ook maar weer gehad.'

Slim plan! Maar we moesten natuurlijk wel een paar fouten maken.

'Zo veel letters als je naam heeft, zo veel fouten maak je,' stelde mees Kees voor.

'Hé, goed idee!' zei Sep.

'Ik heet eigenlijk Jack,' zei Jackie meteen.

'Niet!' riep Koen. 'Jij heet eigenlijk Jacqueline!'

'O ja? Dan heet jij eigenlijk Koen-de-uit-zijnnek-kletskampioen,' zei Jackie.

T-o-b-i-a-s... zes fouten voor mij dus. Ik vond

alles best. Ik leunde achterover en wreef tevreden over mijn volle, warme buik. De juf zegt altijd tegen mij: 'Tobias, jij maakt zo veel fouten dat ik bijna niet meer kan zien welke taal het is!' Dus zes fouten was voor mij een prachtige score.

'Zal ik opdracht vijftien en zestien van rekenen maken?' vroeg Tom. 'Dan lees ik straks de antwoorden voor.'

'Dan maak ik zeventien en achttien,' zei Bart.

‘Ik heb een heel spannend boek gelezen,’ zei Hasna. ‘Als ik dat nou even aan de klas vertel, hebben we het in één klap allemaal gelezen.’

Alweer zo’n goed idee.

‘En dan strepen we meteen een boekbespreking weg!’ zei mees Kees enthousiast.

We gingen ijverig aan de slag. Mees Kees zette het dictee op het bord. Tom en Bart maakten opdracht vijftien tot en met achttien van rekenen terwijl Hasna aan ons over haar boek vertelde. Het heette *Gaten* en het ging over een jongen in een strafkamp. Die moest de hele dag met een schep in de woestijn gaten graven. Ze vertelde zo spannend, dat mees Kees vergat dat hij met het dictee bezig was.

‘Zeg, aan luilakken hebben we hier niets!’ zei Sep tegen hem.

We moesten lachen, want dat zegt de juf altijd en Sep kon precies haar stem nadoen.

Het was even keihard werken, maar om tien uur had iedereen één dictee met heel weinig fouten gemaakt, vier opdrachten van rekenen, we hadden een zelfleesboek uit en we konden ook nog een boekbespreking van Hasna weg-strepen.

'We hebben lekker nog twee uur over!' zei mees Kees. 'Waar hebben jullie zin in?'

'*Nieuws uit de natuur*!' zei Tom meteen. 'Dat vond ik gisteren erg interessant.'

De hele klas begon te grijnzen.

'Dat moet dan maar,' zei mees Kees met pret-lichtjes in zijn ogen, die zo fel schenen dat er echte lichtbundeltjes uit kwamen. Nou ja, bijna dan.

We schoven de tafels in de bioscoopstand, mees Kees en Ben plakten het raampje weer af en daar gingen we!

'Hé, krijgen we weer *Spiderman*?' vroeg Fred blij.

'Ik ben Spiderman,' fluisterde Sep tegen mij.

'Ik ben vandaag Mysterio,' zei ik. Hij is wel een slechterik, maar ik wilde Spiderman niet zijn, want zijn pleegvader is dood en daar had ik nou net even geen zin in!

Dreus

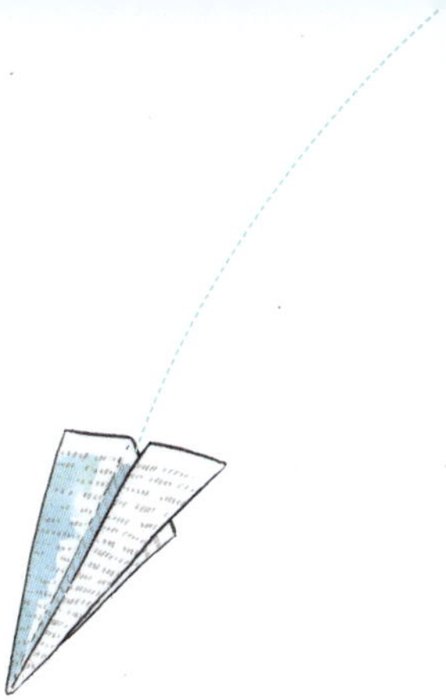

Vandaag kregen we Dreus.

'Ik wil helemaal niets en niemand horen!' zei ze meteen al. Dat was raar, want we waren doodstil. 'Jullie maken zeven tot en met veertien uit *Reken-allerlei* en daarbij zijn jullie zo stil als muisjes!'

Niet voor de grap gaan piepen, dacht ik. Jackie, niet piepen!

Gelukkig, ze deed het niet. We hadden gisteren afgesproken dat we vandaag heel erg ons best gingen doen. Dan zou Dreus denken: Zo, zo, die mees Kees heeft een goede invloed op deze groep! En dan mocht hij héél lang blijven! Dat was ook beter voor onze juf, kon ze nog lekker een jaartje op die baby passen. Kinderen krijgen is zwaar, hoor! Mijn moeder is nog steeds niet helemaal bijgetrokken en dan ben ik toch al tien! Nee hoor, geintje, maar ik denk echt dat het voor onze juf het beste is...

'Tobias, staan de antwoorden soms in de wolken geschreven?' vroeg Dreus.

Oeps, ik zat te dromen. Ik lachte snel om haar grap en keek in mijn schrift: 'Welk getal is weg? ... x 4 = 12'. Hallo, konden we even normaal doen? Puntjepuntje keer vier, wat een onzin!

'Tobias!'

Woo! Stond ze ineens achter me.

'Doe nou toch eens je best!' zei ze.

Niet aan tarwewrat denken, tarwewrat, tarwewrat...

'Zeg de tafel van vier eens op!'

Ha! Die kon ik mooi, die had ik tijdens de luizenmoeder in mijn kop gestampt. Ik zei hem helemaal op, zonder hakkelen, zonder fouten.

'Heel goed,' zei Dreus een beetje verbaasd. 'Nou, hoeveel keer vier is twaalf?'

'Nee, drie keer vier is twaalf,' zei ik.

'Ja, drie keer vier is twaalf! Dat is toch een eitje?'

Floesj, meteen stroomde mijn mond vol

spuug. Zij ook met haar eitje! Hadden we maar voedselproject.

Toch werd ze steeds aardiger, en toen rekenen voorbij was, zei ze: 'Ik zie in jullie schriften dat jullie echt hard gewerkt hebben deze week. Meester Kees is dan wel streng, maar dat heeft een prima effect op jullie. We gaan tot de kleine pauze zingen.'

'Zo hard werken en toch nog straf,' fluisterde Sep.

Ik moest lachen. Dreus zingt namelijk heel lelijk en ze heeft altijd liedjes uit de middeleeuwen. We gingen nu een lied voor de juf instuderen, voor als ze haar baby had.

'Welkom, welkom, klein, nieuw mensje,' zong Dreus.

'Ze is net een fluitketel, het water kookt!' zei Sep zacht.

Man, man, wat had ik het zwaar! Iemand die staat te zingen mag je natuurlijk niet uitlachen, maar ontploffen in de klas is ook niet leuk. Ik kón bijna niet meer van de lach.

Precies toen ze klaar was met zingen, ging de

bel voor de pauze. Ik had het eerst niet eens in de gaten, want het leek net alsof Dreus er nog een toontje bij zong, zo leek haar stem op de bel.

Later op het schoolplein deed Sep haar precies na: 'Een leven lááááng, pèèèèèp!'

Na de pauze kregen we dictee.

'Tafels uit elkaar, pak je pen,' zei Dreus. 'Daar gaan we.' Ze nam het boek en las voor: 'Word jij later chauffeur?'

Ik begon vol goede moed te schrijven, hoewel ik allang wist dat het weer Japans ging worden bij mij. Sjoveur, sjofeur, wist ik veel! Ineens hoorde ik Jackie heel zachtjes giechelen. Ik keek op en Sep wees met zijn ogen naar mijn schrift.

'Sep, Tobias kan het ook wel alleen! Althans, dat is wel de bedoeling,' riep Dreus.

Ineens snapte ik hem: Dreus was het dictee van gisteren aan het voorlezen! Ze had niet door dat we hem al gemaakt hadden! Wojoo, hoeveel mazzel kun je hebben! Heel onopvallend bladerde ik terug. Ja hoor, daar stond het. O, zo schreef je ‘chauffeur’. Ja, wist ik veel. Ehm, even denken, hoe ging ik dat aanpakken? Ik dacht: Weet je wat? Ik doe gewoon net alsof ik schrijf en straks laat ik het dictee van gisteren nakijken! Tobias: zes fouten.

Toen we klaar waren, mochten we zelf lezen, terwijl Dreus de dictees nakeek.

Het was zomaar ineens tijd. Dreus las nog snel de uitslag van het dictee voor. Zodra ze iemands naam noemde, deden Sep en ik onder de tafel hoeveel fouten die persoon had, waardoor we om twaalf uur toch weer met de slappe lach de klas uit liepen.

'Vanmiddag gym!' riep Dreus ons na. 'Denk eraan: allemaal douchen! Vooral jij, Tobias!'

Ja zeg, roep het even om via de intercom! Ik keek gauw of Fred het gehoord had... Ja dus. Hij zei niets, maar hij grijnsde als een valse wolf.

'Fred, drol in je bed,' zei Sep. Het was geen ijzersterke mop, maar we moesten er toch maar allebei om lachen.

Corvee

Ik was blij dat het weer vrijdag was.

'We beginnen vandaag met *Nieuws uit de natuur*,' zei mees Kees.

'*Spiderman*!' riep Fred, die binnenkort ook gaat begrijpen dat je met een pen kunt schrijven en dat je van regen nat wordt.

Maar mees Kees schudde zijn hoofd. 'Let op!' Hij wees op de grond naast zich. Het leek wel of er een hoop oude lappen lag, maar...

'Vrij!' zei mees Kees, en toen stond daar ineens de slordigste hond die ik ooit in mijn leven heb gezien. Hij schudde zich eerst stampend uit, en ik had nog geen idee wat de voor- en wat de achterkant was. Toen dribbelde hij als een stijldanser de klas rond. (Dreus was er nooit op vrijdag, dus we hoefden het raampje niet af te plakken.)

Iedereen werd begroet, behalve degenen die

bang waren, zoals Rashida. Dat voelde hij gewoon aan! Wauw, mijn hart ging roffelen van verliefdheid.

'Harley!' riep ik. Ik wist nog hoe hij heette, van Rashida's spreekbeurt.

Harley danste naar me toe, ging voor me zitten en keek naar mees Kees.

'Toe maar,' zei mees Kees en hop, daar sprong Harley op mijn schoot. Ik sloeg mijn armen om hem heen en duwde mijn neus in zijn nek. Mmm, lekker ruiken, man!

'Pas op, straks krijgt die hond luizen!' riep Fred.

Hasna zei meteen iets terug wat ik niet verstond.

Ik droom heel vaak over honden, misschien wel elke nacht. Ik heb dan altijd een hond als vriend, en altijd gebeurt er iets ergs met hem in mijn dromen. Hij valt bijvoorbeeld van de brug af, maar zijn riem hangt nog aan de leuning zodat hij haast stikt. En terwijl ik schreeuwend probeer die riem los te rukken, blijft hij mij steeds aankijken. Daar dacht ik aan toen ik met mijn neus in Harleys nek zat en ik moest ineens huilen. Niet vanwege de opmerking van Fred, maar vanwege die vreselijke droom.

Mees Kees kwam naar me toe en draaide mijn stoel naar de deur, met Harley en al.

'Tobias, jij hebt vandaag corvee,' zei hij. 'Het materiaal van *Nieuws uit de natuur* moet plassen. Zorg jij er even voor?'

Yes! A: ik mocht naar buiten met de slordigste hond van de wereld, en B: niemand zag me huilen.

Mees Kees is echt slim.

Het was koud en ik had een dunne jas, maar toch vond ik het lekker. We gingen gewoon de hele tijd rennen, Harley en ik. Hij keek steeds naar me, met van die schuine ogen zodat hij zijn kop niet hoefde te draaien. Ik zei dat Fred een baviaan was en dat dat geen spiegelwoord is en dat ik keiziek van hem werd en dat dat wél een spiegelwoord is. En toen vertelde ik ook maar dat mijn vader dé-o-o-dé is en dat mijn moeder de hele dag in haar bed ligt. Harley ging meteen langzaam lopen. Honden voelen dingen heel goed aan. Toen renden we achter de sportvelden langs naar het park. Daar heb ik nog een tijdje stokken gegooid, waar Harley enthousiast achteraan rende. Hij bracht wel steeds de verkeerde stok terug, maar wat maakte dat nou uit? Een stok is een stok.

Ik deed meteen voor een heel jaar corvee die ochtend, want ik kwam pas om half twaalf terug in de klas. Ik hoopte dat ze iets saais hadden gedaan, maar dat was natuurlijk niet zo, want saai bestaat niet bij mees Kees. Ze hadden een rap gemaakt voor de baby van de juf, zodat we behalve het lied van Dreus ook nog iets leuks hadden.

Terwijl ik het voedselproject inhaalde, lieten ze aan mij horen hoe de rap ging. Er rolden hele brokken omelet op mijn trui, zo hard moest ik lachen.

Na de pauze liet mees Kees zien en vooral horen hoe goed Harley kon boeren. Man, hij leek wel een koe!

Mees Kees zei eerst: 'Slik!' en een tijdje erna: 'Boer!' En daar ging Harley. Het klonk niet als *burp*, maar als *boe*. Echt knap.

Toen mochten wij. De meesten konden gewoon hard boeren, maar Sep bleek het hele alfabet te kunnen en dat wist ik

niet eens! Terwijl we beste vrienden zijn!

Jackie zei dat ze *We are the champions* kon boeren, maar dat ze nu geen zin had.

'Boe!' riepen wij en het leek wel of Harley dacht: Hé, zij kunnen het ook!

Maar toen kwam de grootste verrassing. Rashida had de hele tijd niets gezegd. Dat is normaal, zij is altijd heel stil. Maar ineens wuifde ze heel paniekerig met haar hand. Ik dacht dat ze moest overgeven van al dat geboer, omdat ik zelf ook al een beetje licht in mijn hoofd aan het worden was.

Maar toen iedereen naar haar keek, liet ze me toch een knallende boer! Lang en hard, ze leek wel een scheepshoorn! Toen ze eindelijk klaar was, kreeg ze vet applaus. Ze was zo rood als een aardbei, maar ze keek ook trots.

Mees Kees besloot punten te geven. Hij noemde het 'lichamelijke expressie' en Rashida kreeg een negen.

Zij haalt lekker hoge punten sinds mees Kees er is!

Op jacht met mees Kees

Toen de school uit was, zei mees Kees dat ik moest nablijven.

'Heeft hij straf?' vroeg Fred hoopvol.

Mees Kees knikte met een boos gezicht. Ik wist dat het een grapje was, want ik had hartstikke goed mijn best gedaan bij lichamelijke expressie.

'Ha, ha!' zei Fred.

'Probeer je soms te lachen?' vroeg ik.

'Laat hem maar. Ik heb een heel leuk idee,' zei mees Kees. Hij wachtte even tot iedereen weg was en pakte toen uit zijn tas een luizenkam en nog een eng soort tangetje. 'We gaan op jacht. Ik zoek bij jou naar luizen en jij zoekt bij Harley naar teken. Wie de meeste vindt, heeft gewonnen.'

'Maar ik heb wel honderd luizen!' protesteerde ik. 'En Harley heeft misschien drie,

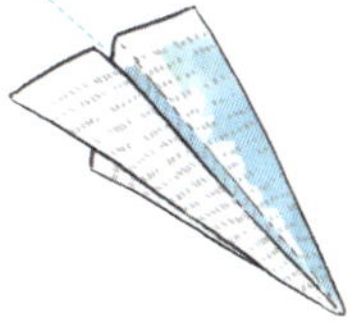

vier teken! Dat win ik nooit!'

'Oké, drie luizen tegen één teek,' stelde mees Kees voor.

'Tien,' zei ik.

'Vijf,' zei mees Kees.

Harley draaide zijn kop steeds naar degene die wat zei. Het leek net alsof hij naar een pingpongwedstrijd zat te kijken.

Ik dacht na. Stel, ik vond twee teken bij Harley, dan moest mees Kees tien luizen vinden...

'Tellen neten ook mee?' vroeg ik. Misschien wist je het al, maar neten zijn luizeneitjes.

'Nee, ik haal ze er wel uit, maar ze tellen niet mee,' antwoordde hij.

'Oké dan,' zei ik. 'Vijf luizen tegen één teek. En de winnaar?'

'Die krijgt een punt. We gaan door tot klokslag kwart voor vier.' Mees Kees deed vast vingeroefeningen en ik zag ook dat hij al naar mijn haar zat te loeren.

'Hé, hé, tegelijk beginnen!' zei ik streng. Ik pakte een stoel en ging met mijn rug naar mees

Kees zitten. Harley deed hetzelfde bij mij, alleen zonder stoel, natuurlijk.

'Klaar voor de start... Af!' zei mees Kees. 'Prettige wedstrijd.'

'Prettige wedstrijd,' zei ik. Ik begon in Harleys nek en mees Kees in de mijne.

'Harley heeft klitten,' zei ik. 'Ik heb het moeilijker.'

'Maar luizen kunnen wegrennen, en teken niet. Ja, ik heb er een. Zwemmen, schatje!' Hij duwde een luis kopje-onder in een kommetje luizengif. 'Twee, drie en hier zit nummertje vier.'

Ho, hij ging winnen! 'Harley hééft toch wel teken, hè?' vroeg ik.

'Zeker weten. En daar is nummer vijf. Het is één-nul, jongeman.'

Harley kreunde, hij vond het duidelijk heerlijk, dat gefriemel aan zijn kop. Ik had er zelf eerlijk gezegd ook helemaal geen hekel aan.

Ineens... 'Ja, ik heb er één. Getsiederrie!'

'Een-een,' zei mees Kees. Hij gaf de tang aan, terwijl hij haastig verder zocht. 'Met de klok meedraaien. En hier heb ik nummertje zes.'

Ik weet niet of je weleens een teek hebt gezien. Het is een rond, bruin, vettig bolletje. Zijn kop zit in de huid van de hond, en je moet uitkijken dat je hem niet plat knijpt. Ik zette voorzichtig de tang erop en draaide met de klok mee. *Plop*! De teek liet los. Zwarte pootjes kronkelden paniekerig heen en weer.

'Hij kijkt me aan!' riep ik walgend.

Mees Kees moest lachen, maar ging gewoon door met de wedstrijd. Snel dompelde ik de teek onder in het gifbadje. Ik durfde er niet meer naar te kijken.

Volgende obstakel: Harley was van puur genot op zijn rug gaan liggen.

'Mag ik knielen?' vroeg ik.

Het mocht, en mees Kees ging op zijn hurken achter mij zitten. Snel verder, nu ik er een had gevonden, wist ik dat er meer moesten zijn. Ik draaide Harley om en onderzocht zijn linkerzij.

'Ja, hier zit er weer een!' schreeuwde ik. 'Twee-een!'

Mees Kees zei niets, maar ik voelde hem zenuwachtig worden. 'Acht,' mompelde hij.

De neten veegde hij op een stuk gaas. Dat waren er ook heel veel, maar die telden niet, dat had hij zelf gezegd.

'Negen. Niet te snel draaien, anders breekt de kop eraf,' zei mees Kees. 'En daar is nummer tien. Twee-twee!'

Voorzichtig trok ik de teek eruit. Blèh, deze was nog vetter dan de vorige. Plons in het bakje en snel verder. Het was spannend, man! Ik had het zweet in mijn handen staan. Ik vond nog een derde teek achter Harleys oor, maar mees Kees plonsde ook driftig verder.

'En... stop!' riep hij om kwart voor vier.

Ik durfde niet in het lijkenvijvertje te kijken, maar mees Kees zei dat hij er zestien had. Drie-drie dus, gelijkspel.

Hij gaf me een hand om de wedstrijd officieel te beëindigen. 'Volgende week weer?'

Ik knikte plechtig. 'Volgende week weer!'

Toen spoot hij nog even met een spuitbus over de kraag van mijn jas, want anders had ik er volgende week weer honderd en dan had hij meteen een dikke voorsprong. Eerlijk van hem, hè?

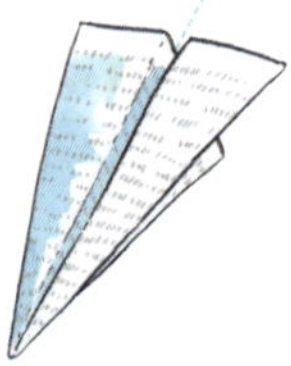

Jemo Etan der Slezen

Gelukkig werd het weer snel maandag. Als dagopening deden we het voedselproject en ondertussen vertelde mees Kees een voedingsmop over een konijntje dat worteltjestaart wil kopen bij de bakker.

'O, worteltjes-taart,' zei Bart, toen de mop uit was. 'Ik dacht: een worteltje-staart!'

Mees Kees begon meteen te stralen. 'Ik weet ineens iets heel leuks!' zei hij. 'Het is een dictee, dus dat past mooi in het rooster. Schrijf op: Jemo Etan der Slezen!'

'Huh?' riepen wij.

'Ben je gek geworden of zo?' vroeg Jackie.

'Jemo Etan der Slezen,' herhaalde mees Kees.

Ik krabbelde snel iets neer wat erop leek.

'Sep, lees de zin maar voor,' zei mees Kees. 'Maar let op: het is een schuifzin!'

'Jemo Etan der Slezen!' las Sep.

'Fout!' riep mees Kees. 'Karim?'

Karim sprak de woorden uit als een nieuwslezer.

'Fout!' riep mees Kees.

Hè? Nu probeerden we het allemaal door elkaar, iedereen op een verschillende manier, maar mees Kees bleef met zijn hoofd schudden. Toen schreef hij de zin op het bord. JEMO ETAN DER SLEZEN. Maar wat deed hij, hij zette er strepen tussen! En weet je wat er toen ineens stond? JE MOET ANDERS LEZEN. Zie je het? Dat is nog eens toveren met taal.

'Nu weten jullie hoe het moet, nu doen we een andere zin,' zei hij. 'Schrijf op: Je pa stopt weer, oversteken dus!' Hij wachtte tot iedereen het opgeschreven had en las toen: 'Je past op twee rovers, teken dus!'

'Mees, je doet heel raar, hoor!' zei Hasna voorzichtig.

'Je past op twee rovers, teken dus!' zei mees Kees weer.

Sommigen keken naar hem, anderen naar hun papier.

‘Ja!’ schreeuwde Tom. ‘Ik zie het! Hij is goed, mees!’

‘O, zo bedoel je. Ja, hij is goed, mees,’ zei Jackie en ze knikte ook nog naar ons. Tss, alsof wij ook maar één seconde geloofden dat zij hem snapte.

Toen schreef mees Kees dit op het bord:

JEPASTOPTWEEROVERSTEKENDUS!

‘Het ligt er maar aan waar je de woorden afbreekt!’ zei Tom. ‘Je moet anders lezen! Jemo Etan der Slezen!’

Ik snapte hem bijna. Dat kan, iets bijna snappen!

Toen schreef mees Kees de zin nog twee keer op. Kijk, zo:

JE PAST OP TWEE ROVERS, TEKEN DUS!

JE PA STOPT WEER, OVERSTEKEN DUS!

Zie je? Precies dezelfde letters, maar anders afgebroken.

‘Nog een zin,’ riepen we. ‘Nog een zin, nog een zin, nog een zin!’ We stampten in de maat op de grond en daardoor hoorden we de deur niet opengaan: Dreus. We waren meteen stil.

'Zeg, het is hier geen voetbaltribune,' zei ze boos.

Mees Kees zei niets. Zodra Dreus binnenkomt, verandert hij altijd in een klein, stout jongetje.

'Waar zijn jullie mee bezig?' vroeg Dreus.

'Dictee,' zei mees Kees.

'En wat willen ze dan?' vroeg Dreus ongelovig.

'Ze willen de volgende zin,' antwoordde hij bescheiden.

'Van het dictee?' vroeg Dreus met een hoge stem van verbazing.

Mees Kees en wij knikten. Dreus keek op het bord, toen naar ons, toen weer naar mees Kees en toen weer naar ons.

'Juf, kunnen we weer door?' vroeg Jackie.

'Nee maar, de werklust is groot!' zei Dreus.

Mees Kees stak een vinger in de lucht. 'Ja!' zei hij verrast. 'Ja, ja, ja!'

Dreus schudde even met haar hoofd alsof er water in haar oren zat en liep toen peinzend de klas uit. We wisten niet eens wat ze nou eigenlijk kwam doen.

'Ja, ik zie hem! Mag ik hem, mees?' vroeg Tom. Hij rende naar het bord en schreef op: NEEM AARDEWERK, LUST IS GROOT.

Ik begon als een gek te schuiven. Ne ema ar... nee. Nee maarde...

'Nee maar, de werklust is groot!' riep Wahed.

Wojoo... die Dreusie, die maakte zomaar een mooie schuifzin! Ik snapte wel dat zij schoolhoofd was geworden, hoor!

Onbereikbare liefde

Het was zomaar ineens half twaalf. En wat stond er op het rooster? Spreekbeurt. Wie was er eigenlijk aan de beurt, even denken, alfabetische volgorde, na de R van Rashida kwam de S van...

'O jee,' zei Sep.

'Doe je spreekbeurt ook over mees Kees,' zei ik.

'Je mag niet twee keer hetzelfde,' fluisterde Sep benauwd.

'Mees!' riep ik. 'Mees, hij wist het niet! De juf waarschuwt altijd van tevoren.'

'Hij wist het heus wel,' riep Koen. 'Het gaat toch gewoon op alfabet?'

'Wie zegt dat hij het alfabet kent?' vroeg ik. 'Misschien is hij wel dyslectisch!'

'Hij is helemaal niet dyslectisch!' riep Jackie.

'Ik zei "misschien", dombo!' zei ik.

'Dombo ben je zelf en Sep is aan de beurt,' zei Jackie.

Mees Kees stond op. 'Ik had Sep moeten waarschuwen. Mijn fout, dus ik ben aan de beurt.'

Yes, een spreekbeurt van mees Kees! Hij schraapte zijn keel en zei: 'Hallo allemaal, mijn spreekbeurt gaat over Marie-Louise Mulders.'

O ja, daar was hij verliefd op. Hij durfde wel, zeg! Hij stond er een beetje verlegen bij, met zijn voeten netjes naast elkaar en zijn armen slap langs zijn lichaam.

'Marie-Louise Mulders heeft korte, zwarte krullen en ogen zo mooi als schilderijen. Ik ontmoet haar elke dag in het park.'

'Zoenen, zoenen!' riep Winston.

'Stil nou even!' snauwde Aukje. 'Dit gaat over de liefde, niet over zoenen!'

'Dat zal wel,' zei Winston spottend.

Mees Kees wachtte rustig tot ze stil waren en ging toen weer verder met zijn spreekbeurt. 'Soms zegt ze wat tegen me, maar dat kan ik nooit verstaan.'

Aha! Ik had meteen een vraag voor straks.

1) Waarom kun je haar nooit verstaan?

'Ik weet niet wat voor kleren ze draagt,' ging mees Kees verder. 'Want ze heeft altijd een jas aan. Ik weet niet hoe ze ruikt, want er zit altijd minstens tien meter tussen ons in.'

We gingen allemaal tegelijk schrijven, waarschijnlijk hadden we dezelfde vraag:

2) Waarom zit er altijd minstens tien meter tussen jullie in?

Mees Kees zuchtte. 'Ik weet eigenlijk niets van haar, behalve dat ik met heel mijn hart van haar hou en dat ik met haar zal trouwen, met haar en anders niet.'

'Wauw, echt lief...' mompelde Hasna.

'Dit was mijn spreekbeurt,' zei mees Kees. 'Hij duurde niet zo lang, maar meer weet ik echt niet, want er zijn geen boeken over haar en ze staat ook niet op het internet.'

We gaven applaus en toen stak iedereen tegelijk zijn vinger op. Mees Kees wees Bart aan.

'Nou, ik vond het best wel een goeie spreekbeurt,' zei Bart. 'Je keek iedereen aan en je praatte heel duidelijk.'

Mees Kees knikte. 'Ja, Jackie?' zei hij toen.

'Nou, ik vond het ook best wel een goeie spreekbeurt,' zei Jackie. 'Het was heel boeiend en je hebt niet op je blaadje gekeken.'

'Bedankt,' zei mees Kees. 'En dan komen nu de vragen. Ja, Sep?'

'Waarom kun je haar nooit verstaan?' vroeg Sep.

O, die vraag kon ik dus doorstrepen.

'Marie-Louise heeft een hond, een mastino napoletano,' vertelde mees Kees.

'Yo mees!' riep Winston. 'Die heeft mijn vader ook gehad, maar die moest weg omdat hij te gevaarlijk was! Jouw vriendin is echt een coole chick!'

Mees Kees moest even slikken, ik zag zijn adamsappel heen en weer schieten. 'Zodra die hond Harley ziet, trekt hij zijn lip op en begint hij keihard te blaffen,' vertelde hij toen. 'Achter elkaar door en heel hard. Daarom versta ik haar nooit. Ja, Lisa?'

'Waarom zit er altijd minstens tien meter tussen jullie in?' vroeg Lisa.

Lekker dan, allebei mijn vragen weggekaapt!

'Als ik dichterbij kom, bijt die mastino napoletano Harleys kop eraf,' antwoordde mees Kees. 'Daarom is dit liefde waar ik niet bij kan komen. Dat heet: onbereikbare liefde.'

'Dan laat je Harley toch thuis?' vroeg Tom.

'Je kunt niet zonder hond naar het hondenpark gaan,' antwoordde mees Kees.

Oei, wat een probleem. Ik was blij dat Hasna geen mastino napoletano had!

Toen had Tom nog een vraag: 'Hoe weet je dat ze Marie-Louise Mulders heet?'

Mees Kees grinnikte verlegen. 'Ik vroeg een keer aan haar: "Hoe heet je hond?" En toen riep ze: "Marie-Louise Mulders!" Toen riep ik terug, dwars door het geblaf heen: "Mooie naam voor een hond." Ze moest heel hard lachen, en toen zei ze dus dat zíj zo heette. Zodoende weet ik het.'

We gaven een acht voor de spreekbeurt omdat hij wel kort was, maar verder heel goed en interessant en ook helemaal uit het hoofd. En we hadden er ook nog wat van geleerd, namelijk wat onbereikbare liefde was.

Onbereikbare liefde: deel twee

Toen we na de pauze terugkwamen, leek de klas wel een vuilnisbelt. De hele vloer was bezaaid met rommel. Dit zou onze juf eens moeten zien!

Ik keek snel op het rooster. O ja, er stond knutselen!

'Ik heb iets heel leuks bedacht,' zei mees Kees. 'Jullie gaan onbereikbare liefde knutselen.'

'We weten niet eens hoe ze eruitziet!' riep Jackie verontwaardigd.

'Het hoeft niet per se Marie-Louise Mulders te zijn,' zei Koen. Hij sprak haar naam uit alsof hij al jaren naast haar woonde. 'Je kunt toch een hart maken.'

'Wat is er zo onbereikbaar aan een hart?' vroeg Jackie.

'Nou, als het achter tralies zit...' zei Aukje.

Wauw, een hart achter tralies, dat was een mooi idee!

‘Ja, dat had ik zelf natuurlijk ook allang bedacht,’ zei Jackie en ze rende meteen naar die stapel troep om te kijken of ze ergens tralies van kon maken.

Ik dacht na. Mijn eigen hart was bezet door Hasna. Maar als je het meisje met wie je wilt trouwen al op je tiende tegenkomt, dat kan namelijk, dan moet je niet al meteen verkering nemen. Anders raak je op elkaar uitgekeken. Je kunt beter wachten tot je achttien bent.

Ineens kreeg ik een goed idee. Een echt kunstenaars-idee. Ik rende naar de rommelhoop om spullen te zoeken.

Toen kwam juf Pauline binnen. Ze lachte zo verlegen naar mees Kees, ze leek wel verliefd op hem!

Nou, vergeet het maar, dacht ik. Het hart van mees Kees is nog bezetter dan bezet.

‘Ik kom even kleur... O!’ Ze keek geschrokken naar de rommel.

Mees Kees staarde haar schuldbewust aan. Hij zat zelf ook te knutselen, een groot, rood hart was hij aan het maken.

'O, nu zie ik het!' zei juf Pauline toen. 'Jullie zijn voor het kleintje van jullie juf bezig!'

Wij knikten maar een beetje.

'Ik voel een groot, warm bad van liefde,' zei juf Pauline plechtig.

Winston was de woeste kop van een mastino aan het knutselen, Sep maakte landmijntjes om voor zijn hart te leggen, Jackie dus die tralies en Wahed zat een operatietafeltje te maken met een bloederige hartpatiënt erop. Lekker bad van liefde, maar niet heus! Maar ik denk dat juf Pauline alleen maar de rode harten zag.

'Ga zo door!' zei ze, en toen ging ze gelukkig weer weg.

We zaten te grinniken, terwijl we druk verder knutselden. Koen begon zachtjes te neuriën en dat kon Jackie niet hebben, dus ging zij ook neuriën, maar dan harder. Toen begon mees Kees ook te neuriën en daarna deden wij allemaal mee. We leken wel een hok vol bijen!

Toen het bijna tijd was, schreef mees Kees op het bord: MUSEUM VAN DE ONBEREIKBARE LIEFDE.

Iedereen mocht achter in de klas een plekje uitzoeken om zijn kunstwerk uit te stallen. Ik ben nog nooit in een museum geweest, maar toch denk ik dat wij het mooiste museum van Nederland hadden.

Koen had van een lege wc-rol een put gemaakt. Over de rand hing een piepklein mannetje naar beneden te kijken. En op de bodem lag... een hartje. Mooi, hè?

Over die mastino van Winston had ik al verteld. Het leek wel of hij haaientanden had, zo scherp en vals was zijn gebit. Alleen had Winston er druppeltjes bloed aan gemaakt en dat wilde ik niet, want dan dacht ik steeds dat die hond Harley had gebeten. Dus toen we doorliepen naar het volgende kunststuk, veegde ik de rode verf snel van zijn tanden af. Dat ging makkelijk, want het was nog nat. Maar ineens begon die mastino te grommen! Ik schrok me lam, maar toen zag ik dat het mees Kees was die gromde. Hij gaf me een knipoog en toen liepen we naar het volgende hart, terwijl mijn echte hart nog nabonkte van schrik.

Ben had een lange ladder geknutseld van limonaderietjes. Bovenaan hing een hartje, maar de laatste sporten van de ladder ontbraken, dus je kon er nooit bij komen.

Mees Kees had een hart gemaakt met een muilkorf ervoor en Hasna had een hartje helemaal ingesmeerd met zeep.

'Als je hem probeert te pakken, glipt hij weg,' zei ze.

Ik koop gewoon anti-slip-handschoenen als ik achttien ben, dacht ik.

Fred had niet meegedaan, want hij vond het een domme opdracht.

Toen was de mijne aan de beurt. Ik had een klok in de vorm van een hart gemaakt, met twee wijzers en acht cijfers. Ik moest namelijk nog acht jaar wachten op Hasna.

'Hij klopt niet, hij klopt niet!' riep Jackie.

'Wel,' zei ik.

'Niet!' riep Jackie.

Toen zei mees Kees iets heel erg moois. Hij zei: 'Het hart van Tobias klopt wel, alleen weten we niet voor wie.'

Het was net een gedicht. Ik werd er verlegen van, dus ik maakte snel een grap. Ik pakte de muilkorf van mees Kees en hield die voor de mastino van Winston. Ineens riep ik: 'Au! Hij bijt!' En toen liet ik zien dat ik bloed aan mijn vingers had, want die verf zat er nog op.

Goeie, hè? Hasna moest ook heel hard lachen.

Bijles grote getallen

Sep moest naar voetballen, dus ik ging mees Kees helpen. Ik wachtte even tot iedereen weg was en liep toen terug naar de klas. Mees Kees was begonnen met opruimen, want er lag een vuilniszak bij die enorme puinberg. Maar nu zat hij met zijn hoofd in zijn handen en staarde naar het museum van de onbereikbare liefde.

'Hoi mees,' zei ik.

'Hoi Tobias,' antwoordde hij zonder op te kijken.

Ik pakte een stoel en ging naast hem zitten. Het was echt een prachtig museum, maar ik kon me ook wel voorstellen dat mees Kees er droevig van werd. Die harten waren zo onbereikbaar en hij dacht natuurlijk aan Marie-Louise Mulders.

'Kun je haar geen brief schrijven?' vroeg ik.

Hij keek me geschrokken aan. 'Dat durf ik nooit!'

We staarden weer een tijdje naar het museum.

'Ik ben op Hasna,' vertelde ik toen.

Tot mijn verbazing knikte hij. 'Weet ik.'

'Hoe weet jij dat nou!' riep ik.

'Door de manier waarop je naar haar kijkt,' zei hij.

'Hoe kijk ik dan?' vroeg ik.

Hij trok een heel debiel gezicht. 'Zo.'

Ik gaf hem een harde duw waardoor hij van zijn stoel af viel. Even schrok ik, want ik wist niet of je dat wel kon maken bij een meester. Maar toen trok hij aan mijn been, zodat ik ook op de grond gleed. Ik dook boven op hem, hij pakte met één hand mijn armen vast en met de andere drukte hij me op de grond.

'Genade!' commandeerde hij.

'Nooit,' hijgde ik en ik kon mezelf heel snel omrollen. *Krak*, *krak*, hoorde ik, want ik lag boven op die rommelberg.

Mees Kees dook weer op me en net op dat moment kwam juf Pauline binnen.

‘O, hemeltje,’ zei ze geschrokken.

Mees Kees schraapte zijn keel. ‘Hou jij die zak even open, dan stop ik de troep erin!’ zei hij snel tegen mij.

Ja, slim van hem, we konden doen alsof we aan het opruimen waren. Ik hield de vuilniszak open, maar het was wel een beetje raar, want ik lag nog onder hem.

'Ga je mee ergens een borrel drinken?' vroeg juf Pauline aarzelend.

Mees Kees zei niets, hij had duidelijk geen zin. Ik moest stiekem lachen. Hoe ging hij zich hieruit redden?

'Tobias krijgt bijles,' stamelde hij toen. 'Bijles rekenen. Grote getallen, snap je?'

'Dat kan ook wel een andere keer, hoor,' zei ik om hem te pesten.

'Nee, nee,' zei hij. 'Je raakt anders te ver achter op de rest.'

'Nou en?' zei ik.

'Niks nou en!' antwoordde hij streng.

'Grote getallen zijn belangrijk, Tobias!' zei juf Pauline.

Mees Kees was zo onopvallend mogelijk overeind gaan zitten, zodat ik in ieder geval weer kon ademen.

'Maar een andere keer gráág!' zei hij tegen juf Pauline.

Ze wees heel stoer naar hem terwijl ze knipoogde. 'Daar hou ik je aan!' zei ze.

We wachtten even tot ze echt weg was, en

toen dook mees Kees met een indianenbrul boven op me, maar ik rolde razendsnel opzij. Ha ha, dat had hij niet verwacht. Hij viel languit in de berg rotzooi. Ik ging snel op hem zitten en drukte zijn armen achter zijn hoofd op de grond.

'Genade?' vroeg ik hijgend.

'Ja, genade!' smeekte hij.

Mooi zo. Ik wilde nog wel een tijdje zo blijven zitten, maar ik was bang dat ik te zwaar was. Toen ruimden we samen de rommel op. We hadden wel vier vuilniszakken nodig.

'Zo, en nu de grote getallen!' zei mees Kees.

We moesten allebei lachen. Ik was blij dat hij niet meer droevig was. Hij pakte zijn tas en deed de lichten uit. Even was ik heel, heel erg teleurgesteld, want ik dacht dat we naar huis moesten, maar toen zei hij: 'Flipperen?'

Ik geloofde mijn oren niet. 'Flipperen?' herhaalde ik.

Hij knikte. 'Bij snackbar JamJam hebben ze een mooie flipperkast met vrij spel boven de tweehonderdduizend punten.'

Yes! Ik rende achter hem aan. 'Maar ik heb geen geld,' zei ik.

'Weet je wat?' zei hij, toen we door de gang liepen. 'Ik speel en jij telt mijn scores op, kun je lekker oefenen met grote getallen.'

Ik gluurde naar zijn gezicht of het wel een grapje was, maar toen gaf hij me een duw. 'Ik trakteer natuurlijk, want ik krijg loon omdat ik lesgeef aan lastige jongetjes zoals jij.'

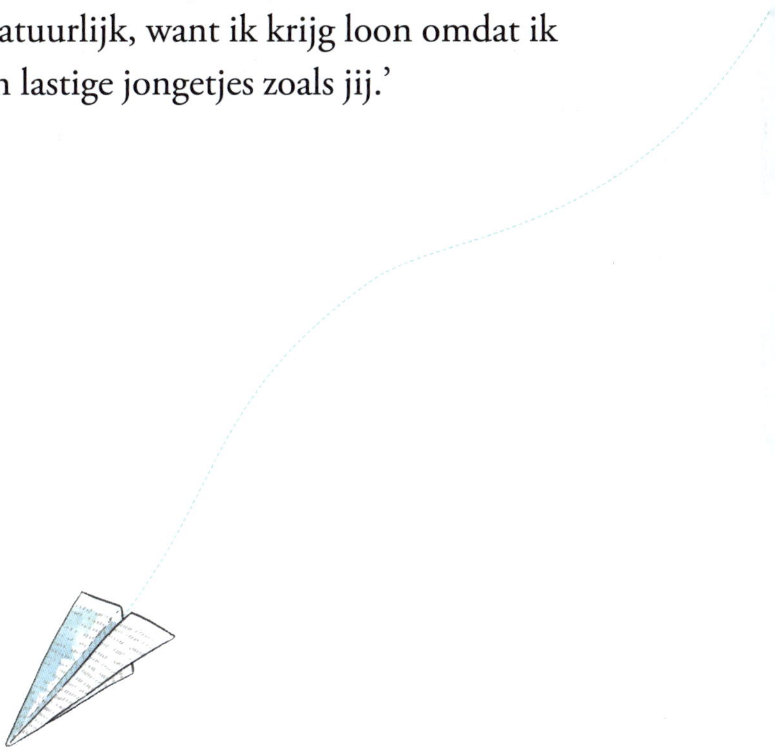

Nummertjes

Tijdens topografie kwam Dreus weer eens binnenvallen. Ik baalde, we waren net zo lekker bezig. Mees Kees had een leeuw uitgebeeld en we moesten raden welke stad hij bedoelde.

'Jongens en meisjes, ik heb prachtig nieuws!' zei Dreus plechtig. 'Leg de pennen even neer.'

Niemand had een pen beet, maar ja.

'Jullie juf...' begon Dreus.

'Ja, ze heeft een kind! Is het een jongen of een meisje?' wilde Jackie meteen weten.

Dreus had het heel graag zelf willen zeggen, dat zag je aan haar gezicht. '...heeft inderdaad een baby'tje gekregen,' zei ze toen maar. 'En wil mevrouw haantje-de-voorste me voortaan laten...'

'Uitpraten,' zei Jackie. 'Ja, dat is goed. Maar juf, is het nou een jongen of een meisje?'

'Leeuwarden,' fluisterde Sep tegen mij.

Ja, mees Kees had een leeuw uitgebeeld... Leeuwarden, natuurlijk! We konden een punt verdienen met topo. Ik probeerde de aandacht van mees Kees te trekken, maar die stond heel geboeid naar Dreus te kijken. O jeetje, straks was Tom eerder.

'Het is...' zei Dreus. 'Het is...'

Ik hield het niet meer. 'Leeuwarden,' zei ik.

Mees Kees knikte kort, maar toen keek hij ineens heel streng. 'Je mag niet door mevrouw Dreus heen praten, dus je krijgt een strafstreepje, Tobias,' zei hij streng en hij zette een streepje achter mijn naam op het bord. Yes, het duo Tobias & Sep had nu vier punten.

'Nou, jij bent lekker bezig, jongeman!' zei Dreus. 'Zo vroeg en dan al vier strafstreepjes!'

Ik probeerde zonder lachen te knikken.

'En kan ik dan nu rustig mijn verhaal afmaken?' vroeg Dreus geïrriteerd.

'Juf, vertel het nou gewoon!' zei Koen.

Dreus haalde diep adem en keek naar mees Kees. 'Wilt u Koen ook even een strafstreepje geven?' vroeg ze kil.

Mees Kees aarzelde even en zette toen een streepje achter Koens naam. Koen had al een punt, want hij had Hengelo geraden. (Vissen, nee, hengelen, bijna... Hengelo dus.)

'Hé!' zei Fred. 'Lekker oneerlijk!'

'Stil nou even!' zei Aukje. 'Ik wil weten wat voor een baby de juf heeft.'

'Jullie juf...' begon Dreus weer.

Jemig, wat kon zij de boel rekken, zeg!

'Dan wil ik ook wel zomaar een punt krijgen,' mopperde Fred nog.

Ik dacht even dat ik de haartjes op de tarwewrat zag trillen, zo boos werd Dreus intussen.

'Jullie juf heeft een zoon gekregen en hij heet Jons!' zei ze eindelijk.

Daar waren we stil van.

Na een tijdje zei Hasna: 'Het maakt niet uit hoe je je kind noemt. Als je maar van hem houdt.'

Dat kon best waar wezen, maar ons kind ging toch mooi geen Jons heten!

'Ik wil graag dat jullie allemaal een mooie kaart voor de juf maken,' zei Dreus. 'Dan kunnen we haar op gepaste wijze feliciteren.'

Zodra ze weg was, veegde mees Kees de punt van Koen weer weg.

'Jammer dan, Koen,' zei Fred grijnzend.

'Oké, we gaan verder met topo,' zei Jackie. 'Het was Leeuwarden.'

'Hé, hé, die had ik al!' riep ik.

'Jammer dan, Jackie,' lachte Fred.

'Kun jij nog iets anders zeggen dan "jammer dan"?' vroeg Jackie pissig.

'Nee,' antwoordde Fred.

'Nou, jammer dan,' zei Sep.

Ondertussen deelde mees Kees blaadjes uit waarop we een briefje of een tekening voor de juf konden maken.

'Ik doe: Gefeliciteerd met Jons,' zei Aukje.

'Ik ook,' zei Jackie.

'Ik ook,' zeiden wij allemaal.

'Hasna kan het mooiste schrijven,' zei Wahed. 'Als zij er nou een maakt en dan "maal zeventien" eronder schrijft? Dan kunnen wij vast verder met topo.'

Wij vonden het een hartstikke leuk idee, maar

mees Kees dacht dat Dreus het niet goed zou vinden.

'Ik geloof dat ik wat weet,' zei hij toen. Hij dacht heel diep na, terwijl hij iets natelde op zijn vingers. 'Gefeliciteerd met... dat zijn zestien letters. Jullie zijn met z'n zeventienen, iedereen maakt één letter en Hasna maakt er vier en schrijft "Jons".'

'Ik doe de i,' riep ik.

'Die deed ik al!' Drie keer raden wie dat schreeuwde: Jackie natuurlijk.

'Ho!' riep mees Kees. Hij kan streng zijn, hoor! Toen las hij alle namen op en iedereen kreeg een letter toegewezen en Hasna moest dus 'Jons' schrijven. Wie het af had, legde zijn blaadje op de tafel van mees Kees. Binnen tien minuten was de klus geklaard. Mees Kees plakte alle briefjes achter elkaar op de muur: GEFELICITEERD MET JONS.

Hij bleef er heel lang naar kijken, ik dacht eerst omdat hij het zo mooi vond. Maar toen zei hij: 'We moeten ze even nummeren, want anders denkt jullie juf dat we tien liter cd's willen.'

Waar hád hij het over?

'Je doet weer raar, hoor!' zei Aukje.

Toen husselde mees Kees alle briefjes door elkaar en daarna hing hij ze opnieuw op. Hokus pokus... Weet je wat er stond?

JO, GEEF ME TIEN LITER CD'S!

De meester van de meester

'Goedemorgen, jongens en meisjes,' zei mees Kees.

We moesten lachen, want normaal zei hij gewoon 'hoi'.

'We gaan beginnen met de les. Pak je rekenschrift en ga rustig aan taak zestien werken.' Hij praatte iets harder dan anders. 'Schrijf je antwoorden op de stippellijn.'

'Je lijkt Dreus wel,' zei Jackie giechelend.

Sep wees naar zijn wenkbrauw. 'Dreus zonder tarwewrat.'

'Iek, en waar is die dan gebleven?' vroeg Anna met opgetrokken neus.

'In je broodtrommel!' riep Koen.

Over broodtrommels gesproken... ik was wel toe aan het voedselproject!

'Hé, zullen we met handenarbeid allemaal wratten maken?' vroeg Manon. 'Dan strooien we die rond in de school, zodat iedereen denkt...'

Ineens sloeg mees Kees keihard met zijn vuist op tafel. 'En nu allemaal stil! Dit was de laatste waarschuwing!' Hij wreef met zijn hand langs zijn broek, omdat het zeer deed natuurlijk.

Waar was hij nou mee bezig?

'Doe even normaal, mees,' zei ik.

Hij keek heel streng naar me, maar toen zakte hij zuchtend op de blauwe stoel. 'Wat moet ik dan?' vroeg hij.

Ik schrok, er was echt iets heel ergs aan de hand!

'Mees, wat is er?' vroeg Hasna bezorgd.

'Ramp op komst.' Hij praatte gelukkig weer normaal. 'Morgen komt mijn meester op stagebezoek.'

Even waren we allemaal stil.

'Komt hij kijken of jij het goed doet?' vroeg Aukje.

Mees Kees knikte.

'Daar hoef je toch niet bang voor te zijn, want je dóét het toch heel goed?' vroeg ik.

Hij steunde met zijn hoofd in zijn handen. 'Maar niet zoals het hoort. Jullie moeten een beetje druk zijn en dan knip ik met mijn vingers en dan zijn jullie ineens rustig. Daarna doen we dingen die jullie niet leuk vinden, maar je doet ze toch, omdat ik zo streng ben. Zo moet het eigenlijk gaan.'

Misschien was onze juf dan toch wel goed, want die deed precies wat mees Kees net beschreef.

Aukje stak haar vinger op. Daar waren wij nog niet aan gewend, dus we keken allemaal naar het plafond omdat we dachten dat ze iets aanwees.

‘Neehee!’ zei Aukje boos. ‘Ik steek mijn vinger op en dan moet jij zeggen: “Ja, Aukje?”’

‘O. Ja, Aukje?’ zei mees Kees meteen.

‘Goed zo,’ zei Aukje tevreden. ‘Wat ik wilde vragen: zullen we gaan oefenen hoe het eigenlijk hoort? Als jouw meester dan komt, denkt hij: Nou, nou, wat is onze Kees toch een goeie meester aan het worden. Ik geef hem een tien!’

Mees Kees keek gelukkig weer blij. ‘Oké, jullie doen heel druk en dan knip ik met mijn vingers.’

Jackie begon meteen te schreeuwen. ‘Wèh wèh bla bla!’

‘Jackie, rustig!’ zei mees Kees.

‘En we moesten druk zijn!’ zei Jackie verontwaardigd.

Mees Kees knikte. ‘Maar echte meesters zeggen heel vaak “rustig”.’

Dat klopte, dat deed onze juf ook.

‘Oké mees, knip eens met je vingers?’ vroeg Aukje.

Hij deed het. Nu konden we zien dat hij eigenlijk nog maar een stagiair was, want het klonk meer als ‘flap’.

We gingen allemaal met de vingers knippen. Woo, Fred kon het hard, man! Het leek wel vuurwerk.

'Mees, je kunt beter je hand omhoogsteken, want dat knippen van jou lijkt nergens op,' zei Aukje.

Mees Kees stak braaf zijn hand op.

'Goed zo,' zei Aukje. 'En nu moet je zeggen wat je net ook zei.'

Mees Kees knikte. 'Goedemorgen, jongens en meisjes.'

Hasna en Anna kregen even de slappe lach, maar ze hielden (voor hun doen) snel weer op.

'We gaan beginnen met rekenen. Ga rustig aan taak zestien werken,' zei mees Kees. 'Schrijf je antwoorden op de stippellijn.'

Net echt! We deden keurig wat hij zei, jammer dat Dreus niet net toevallig binnenkwam.

'Nu moet je gaan rondlopen met je handen op je rug,' zei Aukje.

Daar ging mees Kees, tussen onze tafeltjes door. Hij leek op een jongetje dat voor het eerst in de sneeuw loopt.

We oefenden nog een paar keer hetzelfde stukje, eerst kletsen, dan de hand omhoog en dan van 'Goedemorgen'. Mees Kees was één keer zijn tekst kwijt, maar verder ging het foutloos.

'Nu gaan we nog meer dingen oefenen die we niet leuk vinden,' zei Aukje. 'We studeren een hele ochtend in, dan kan er niets meer misgaan.'

Bertus Koelemeijer

Vandaag zou hij komen: de meester van de meester. Mees Kees had zijn haar plat gekamd met een messcherpe scheiding aan de zijkant. En hij had een nieuwe spijkerbroek aan.

'Lekker kontje heb je in die broek,' zei Anna.

Mees Kees bedankte verlegen. 'Maar ik denk niet dat je dat soort dingen moet zeggen als mijn meester erbij is,' zei hij.

Nee, natuurlijk niet, dat snapte Anna ook wel. 'Dat klinkt niet bepaald netjes,' zei ze.

'Je moet "aangenaam" zeggen in plaats van "lekker", dat is veel deftiger,' zei Tom.

Jackie moest lachen. 'Mees, wat hebt u een aangename bips in die pantalon!' riep ze met een deftige stem.

'Dank je,' zei mees Kees. 'En nu mogen jullie niet meer aan mijn kont denken, anders verspreek je je straks.'

Toen ging de deur open en daar stond een grote, brede, dikke man. Wij keken vol ontzag naar hem, maar Hasna had hem niet in de gaten.

Ze giechelde en zei: 'Als ik ergens niet aan mag denken, moet ik er juist de hele tijd aan denken!' Ze keek naar mees Kees, toen volgde ze zijn blik naar de deur... 'Wat? O!' *Zoef*, binnen een halve seconde was ze zo rood als een aardbei.

'Goeiemorgen jongens en meisjes, en goeiemorgen meester!' zei de meesters meester met een zware stem. 'Mijn naam is Bertus Koelemeijer. En waar mag de jongedame niet meer aan denken?'

Hij was best aardig volgens mij, maar wij hadden het flink benauwd.

Hasna zei niets. Ik dacht niet dat het kon, maar ze werd nóg roder dan ze al was.

Toen stak Tom zijn vinger op. Niemand van ons keek naar het plafond, natuurlijk. 'We doen een oefening, meneer. Je mag niet aan een roze olifant denken. Maar het blijkt dat je er dan juist de hele tijd aan moet denken.'

'Aha, het experiment van de roze olifant,' zei Bertus Koelemeijer.

'Roze olifant?' vroeg Fred. 'Waar hebben jullie het over?'

'Fred is heel erg goed in niet-denken,' legde Tom snel uit.

Mees Kees stond maar wat te knikken en te glimlachen.

'Jongelui, let verder niet op mij!' zei Bertus Koelemeijer. 'Ik pers mezelf achter zo'n tafeltje en probeer onzichtbaar te zijn.'

'Yo Bertus!' zei Winston verbaasd. 'Zo'n biggy-man kan toch niet onzichtbaar zijn?'

Oei... was dat te brutaal?

Nee, Bertus moest er heel hard om lachen. Wat een stem had die vent, het leek wel of het onweerde! We gingen allemaal snel meelachen, dan was hij niet zo alleen. Mees Kees lachte als een konijntje, heel schattig.

'Mees, begin maar,' fluisterde Aukje.

O jee, als hij maar niet 'Goedemorgen' ging zeggen, want we waren al een kwartier bezig.

'Druk doen,' zei Sep zacht tegen mij.

We begonnen allemaal te mompelen. Ik zei gewoon steeds 'rabarber' tegen Sep, dan lijkt het net of je kletst. Met een schuin oog keek ik naar mees Kees. Ja, daar ging zijn hand omhoog en... doodse stilte!

We keken allemaal trots naar Bertus Koelemeijer en die knikte bewonderend. Zijn knieën zaten ongeveer naast zijn oren, zo laag was het stoeltje voor hem.

'Goed, dan sluiten we het kringgesprek nu af,' zei mees Kees rustig. 'We gaan verder met rekenen. Ga rustig...'

Hij staarde uit het raam.

'...taak zestien,' fluisterde Aukje.

'Ga rustig aan taak zestien werken,' zei mees Kees. 'Schrijf je antwoorden op de stippellijn.'

We deden wat hij zei. Ik had de vorige dag taak zestien al met potlood gemaakt, die ging ik nu met pen overtrekken.

'Hé!' zei Fred. 'Zitten we nou hetzelfde te doen als gisteren, of ben ik nou gek?'

'Allebei,' zei Sep.

Gelukkig redde mees Kees de zaak. Hij ging achter Fred staan en keek in zijn schrift. 'Dat dacht ik al,' zei hij. 'Je bent weer eens een keertje verder dan de rest, slimme Fred!'

Ik kon nog nét mijn lachen inhouden. Slimme Fred, dat klinkt net zo gek als 'lekkere wrat'. Ik had Fred nog nooit zo verbaasd zien kijken.

‘Goed gewerkt!’ zei mees Kees. ‘Waarom zou je wachten op de anderen? Ga jij maar lekker verder met taak zeventien!’

Fred keek zo trots als een aap, als een baviaan om precies te zijn. ‘Dombo,’ zei hij tegen Sep.

‘Sep,’ antwoordde Sep. ‘Aangenaam.’

Mees Kees keek streng naar Sep en hield zijn vinger voor zijn mond. Sep knikte en ging snel weer aan het werk.

Goed, hè? Zo doet een meester!

Ik keek naar Bertus Koelemeijer en zag nog net dat hij iets opschreef. Ik hoefde het niet te lezen, want ik kon het zo wel raden: ‘Mees Kees is Uit-ste-kend!’

Lees ook deze Mees Kees-boeken

Mees Kees – Op de kast
Mees Kees – De rekenrap
Mees Kees – Op kamp
Mees Kees – De sponsorloop
Mees Kees – In de gloria
Mees Kees – Gaat verhuizen
Mees Kees – Bloedjelink
Mees Kees – Op de planken
Mees Kees – Buiten de lijntjes
Mees Kees – Hoppa!
Mees Kees – De husselrace

Voorlezen
De grote Mees Kees

www.meeskees.nl

Lees ook!

Mirjam Oldenhave
Mees Kees
Op de kast

Mirjam Oldenhave
Mees Kees
De rekenrap

Mirjam Oldenhave
Mees Kees
Op kamp

Mirjam Oldenhave
Mees Kees
De sponsorloop

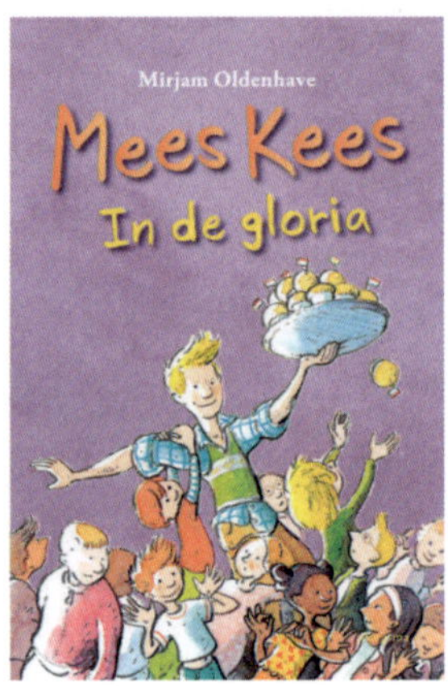
Mirjam Oldenhave
Mees Kees
In de gloria

Mirjam Oldenhave
Mees Kees
Gaat verhuizen
ploegsma

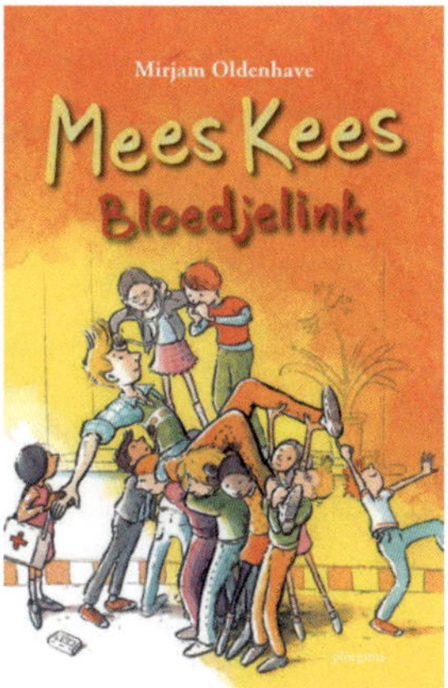
Mirjam Oldenhave
Mees Kees
Bloedjelink
ploegsma

Mirjam Oldenhave
Mees Kees
Op de planken
ploegsma

Mirjam Oldenhave
Mees Kees
Buiten de lijntjes
Yes, het is een bipstroek!
ploegsma

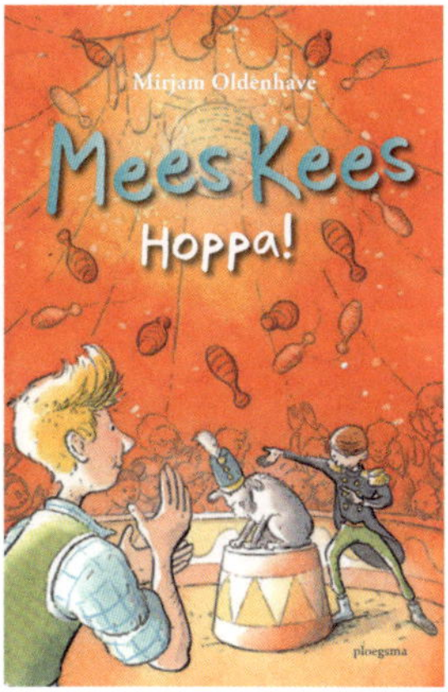
Mirjam Oldenhave
Mees Kees
Hoppa!
ploegsma

Mirjam Oldenhave
Mees Kees
De husselrace
ploegsma

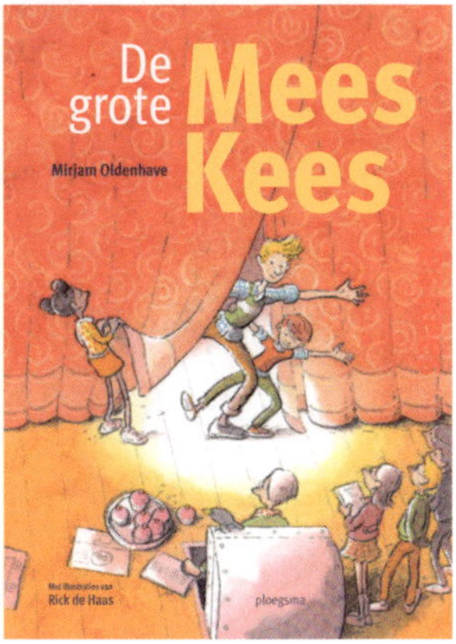
De grote Mees Kees
Mirjam Oldenhave
Met illustraties van
Rick de Haas
ploegsma

Mirjam Oldenhave

Mirjam Oldenhave (1960) volgde een opleiding tot dramatherapeut, waarna ze toneel- en muziekles ging geven in het speciaal onderwijs.

Ze werd in de afgelopen jaren negen keer getipt door de Nederlandse Kinderjury en kreeg een Vlag en Wimpel van de Griffeljury voor *Donna Lisa, Mees Kees – De sponsorloop* en *Mees Kees gaat verhuizen.* Daarnaast zijn er over mees Kees een tv-serie en vijf films gemaakt: *Mees Kees, Mees Kees op kamp, Mees Kees op de planken, Mees Kees langs de lijn* en *Mees Kees in de wolken.*

Rick de Haas

Rick de Haas (1960) is linkshandig, maar kan toch prima tekenen. Soms maakt hij zijn eigen verhalen, zoals over het jongetje Elmo. Hij tekent ook graag ridders of dieren, een kok en een kokkin met de naam Piet en Riet, en Gorgels.

Het tekenen van mees Kees vindt Rick vrij gemakkelijk, want die loopt en beweegt net zoals hij dat zelf meestal doet. De hele klas, dat is moeilijker. Dat zijn achttien hoofden, zesendertig armen, zesendertig benen en ga zo maar door. Zie daar maar eens orde in te krijgen!